Berta

Leben mit Lipödem

Martina Eske

epubli

Impressum

1. Auflage 2018

Leben-mit-Berta@gmx.de

Covergestaltung: Jacqueline Kley/ Die Wortkleysterei
Lektorat und Korrektorat: Jacqueline Kley/ Die Wortkleysterei
Fotos: Annika Thomßen/ KnipsWerk Apen
Druck: epubli - ein Service der neopubli GmbH, Berlin

Einführung

Kann ich ein Buch schreiben, das dabei hilft, sich und die eigene Krankheit zu verstehen? Das Außenstehenden eine Stütze ist, das Leiden anderer nachzuvollziehen?

Werde ich lernen, mich mehr zu akzeptieren? Kann aus einer Schnapsidee wirklich etwas Gutes werden?

Das sind nur ein paar Fragen, die ich mir gestellt habe, als ich auf die Idee kam: Halte fest, was dich bewegt und schau, was in zwölf Monaten passiert. Dieses Buch soll weder *das* allumfassende Buch sein, noch *das* Buch, in dem *alles* steht und dann jeder Bescheid weiß. Es ist auch keine Informationsbroschüre. Es ist eher ein Blick hinter die Kulissen eines Betroffenen, der Mut machen soll. Es ist einfach ein Ausschnitt meines Lebens, eine Art Seelenstriptease.

29. April 2017

Ich stehe an diesem Samstagabend im Bad vor dem Spiegel. Haare sind gemacht, das Gesicht muss noch restauriert werden. Anschließend sehe ich mir in die Augen und denke: Och, eigentlich biste ja ganz hübsch. Die Frisur fällt auf, so wie immer, denn ein Undercut mit Irokese ist auch heute noch, komischerweise, sehr auffällig. Und dabei haben wir doch 2017.

Und dann ist er da. Dieser Geistesblitz. Ich komme gar nicht so schnell hinterher, wie mein kleines Hirn anfängt zu rattern.

„Uschi“, sage ich zu mir, „du startest ein Projekt.“ (Den Spitznamen hat mir eine sehr gute Freundin verpasst. Ich muss sie unbedingt nach dem Grund fragen, denn der ist mir bis heute ein Rätsel.)

Mein Geistesblitz sieht vor, ein Jahr meines Lebens aufzuschreiben und eventuell bildlich festzuhalten.

Ja, man kann jetzt denken: Das haben doch schon andere gemacht. Weltumrundung, Job, Karriere, Familie, Haus und Gartentraum. Ne … mein Leben ist da etwas anders.

Mit meinen dreiunddreißig Jahren habe ich einen nicht ganz so überragenden Begleiter namens Berta.

Klar, ich habe einen tollen Mann an meiner Seite. Haus, Kinder, Garten kommt vielleicht noch. Aber Fakt ist, meine Gedanken drehen sich stets um Berta. Berta ist jetzt nicht die Begleiterin, die man sich für‘s Leben wünscht. Die trifft man nicht im Supermarkt oder in der Kneipe nebenan und denkt sich: Heeeyyy! Mit der will ich den Rest meines Lebens verbringen!

NEIN! Berta kommt leise, irgendwann. Man merkt erst gar nicht, dass sie da ist. Erst wenn jemand auf sie hinweist oder man das Gefühl hat: Mit mir stimmt was nicht.

Das Gemeine an Berta ist, dass sie so unglaublich stur ist, wenn es darum geht, wieder zu verschwinden. Ach, was sage ich, stur ist gar kein Ausdruck! Wenn Berta erstmal da ist, dann bleibt sie. Für immer! Die zieht mit Sack und Pack ein und macht es sich so richtig schön in deinen Beinen und eventuell auch Armen gemütlich. Bei mir bewohnt sie bisher nur die Beine und ich hoffe für sie, dass das so bleibt.

Für die, die Berta nicht kennen, hier eine kurze Beschreibung: Meine Begleitung Berta, ich habe sie übrigens so genannt, weil sie ***B***edrückend, ***E***rniedrigend, ***R***atlos, ***T***raurig und ***A***nders ist, ist bekannt unter dem Namen Lipödem. Das Lipödem ist eine Fettverteilungsstörung, auch besser bekannt als Reiterhosenphänomen, Säulenbein oder später Elefantitis. Dies ist eine chronische Krankheit, die leider auch heute noch von vielen Ärzten verkannt ist und nicht diagnostiziert wird. Eher wird den Frauen gesagt, sie sollen weniger essen und mehr Sport treiben, was bei dieser Krankheit gar nicht oder nur bedingt hilft. Oft ist diese Krankheit mit Schmerzen und verstärkter Neigung zu blauen Flecken verbunden. Lipödem tritt übrigens nur bei Frauen auf.

Ich möchte aber kein Buch über Symptome, Stadien, Schweregrade und Therapien schreiben, sondern meinen Weg zeigen und Mut machen, mit dieser Krankheit positiver umzugehen. Meine Berta befindet sich glücklicherweise noch in einem Stadium, in dem man mit ihr *relativ* gut fertigwird. Nicht zu zickig oder launisch und recht kooperativ. Zum Glück bleibe ich bis dato von den Schmerzen fast befreit, aber die blauen Flecken, die Ansammlung von übermäßigem Wasser und die

Orangenplantagen auf meinen Beinen sind nicht zu übersehen. Berta mag eben keine Ernährungsumstellungen, geschweige denn Sport.

Ich habe unzählige Diäten ausprobiert und mir von so vielen Ernährungsberatern Rat geholt, dass ich ein Buch darüber schreiben könnte. Von Kohldiät über Weight Watchers bis hin zu Ampelessen, Low Carb und Kalorienzählen.

Soweit ich mich erinnern kann, testete ich die erste Diät mit dreizehn Jahren. Als Teenager habe ich guten Hunger gehabt und hätte meine Mutter damals nicht schon achtgegeben, wer weiß, wie ich jetzt aussehen würde. Danke, Mama, dass du aufgepasst und mich vor Schlimmeren bewahrt hast!

Vor einem Jahr bei meiner ersten Entstauungswoche im Krankenhaus fragte mich meine Mutter, ob sie in irgendeiner Weise daran schuld sei, dass Berta mich begleite. Ob die frühen Diäten verantwortlich seien.

Nein, Mama! Du bist die Letzte, die etwas dafürkann. Es gibt einfach Frauen, die haben eine Berta und andere nicht.

Ich würde auch gerne wissen, wonach das geht. Zufallsprinzip, Knobelbecher, Laune der Natur? Ich werde es nie herausfinden.

Und darum ist es gut, sich das alles von der Seele zu schreiben. Wenn ich damit der ein oder anderen Frau Mut machen kann, wäre das ein toller Nebeneffekt. Denn wir alle haben unsere Phasen, in denen es uns richtig mies geht, ob mit oder ohne Berta.

Was wir zu schnell vergessen, sind die schönen, guttuenden Momente. Darum schreibe ich sie auf, um später zurückzublicken und sagen zu können: Das war eine gute Zeit!

Zurück zu meinem Geistesblitz. Neulich fand mit der Familie ein Fotoshooting statt und die Fotografin ist der Knaller. Aufgeschlossen, durchgeknallt und super gut drauf. Genau mein Fall. Die könnte ich versuchen, für mein Projekt zu begeistern.

Jetzt muss ich mich aber beeilen, denn heute geht es zu Torsten Sträter und wir haben noch eine Stunde Autofahrt vor uns. Mein Männe wartet schon ungeduldig im Auto, denn wir wollen ja schließlich früh genug da sein, um die guten Plätze zu bekommen.

30. April 2017

Was war das für ein Abend! Ich weiß nicht, wann ich das letzte Mal so gelacht habe. Torsten Sträter kann es einfach.

Auch wenn es gestern sehr spät wurde, hält mich diesen Sonntagmorgen nichts mehr in den Federn. Mein Projekt, dieses Buch, oder was auch immer es später werden wird, juckt mir in den Fingern. Das ist jetzt mein erster richtiger Eintrag und ich kann es kaum erwarten, in zwölf Monaten die allerletzten Zeilen zu schreiben.

Zudem scheint heute die Sonne und wenn diese durch das verdunkelte Fenster blinzelt, heißt es für mich: Ab nach draußen. Da spielt das Leben. Also fix wieder in die Restaurationsstube.

Ja, kann sich sehen lassen. Nun der miese Teil des Tages: Kompressionshose anziehen. Die ist bei Berta leider unverzichtbar. Ich muss zugeben, mir fällt es jeden Morgen schwer, diese Hose anzulegen, weil ich mich fühle wie im Knast. Gefangen im eigenen Körper mit deutlich zu wenig Bewegungsspielraum.

Es erinnert mich an ein Gefühl aus der Kindheit. Tiefster Winter und unter die Jeans ziehen wir noch eine dicke Wollstrumpfhose an. Klasse.

Dieses Gefühl ist jeden Morgen da, wirklich *jeden*. Die einzig annehmbare Ausnahme ist die Couch. Dort kann man sich wenigstens einbilden, dass die Kompri eine Leggings ist. Da ich es eh nicht mag, mich mit Jeans auf das gemütliche Sofa zu fläzen, ist das okay.

Außerdem konnte ich die Anziehzeit der Kompressionshose von fünfzehn auf sage und schreibe fünf Minuten verbessern. Wenn man erst einmal weiß, wie es geht, kann man einen Wettkampf gegen sich selbst starten.

Also gut. Haare liegen, Buxe an und ab aufs Rad. Was für ein Wetter! An den Wochenenden machen wir das gerne. Wind um die Nase, Sonne auf der Haut und einfach drauflos radeln.

Mal gucken, wohin es uns verschlägt.

Nach der kleinen Spritztour beschließen mein Männe und ich, dass es Zeit für das erste Eis des Jahres ist. Nur gut, dass es in der Stadt eine Eisdiele gibt, bei der ich kein schlechtes Gewissen haben muss, etwas zu essen.

Hier wird veganes Eis verkauft. Das muss ich kurz erklären: Ich versuche mich vegan zu ernähren. Aber nicht unter dem Aspekt, der die meisten dazu bewegt: Die armen Tiere und so.

Ich habe für mich festgestellt, dass ich es besser vertrage, wenn ich so gut es geht auf tierisches Eiweiß verzichte. Es ist quasi wie entgiften.

Ich bin nicht so müde, habe mehr Energie, bessere Laune, weniger Wasseransammlungen in den Beinen und nehme damit ab. Sehr langsam und mit sehr viel Geduld, aber es geht, was mit Berta im Schlepptau ein guter Erfolg ist.

Ich freue mich über jedes Gramm, das sich verabschiedet. Manchmal kommt ein Gramm wieder, oder auch zwei, aber doch, es geht immer wieder etwas weg.

Meine Ernährungsberaterin hat es mir so erklärt: Das tierische Eiweiß setze sich in den Fettzellen ab und verschließe diese. Da es beim Lipödem zu einer krankhaften Vermehrung der Fettzellen komme und sich dort das Fett einlagere, könne es nicht verarbeitet werden, weil sich das tierische Eiweiß davorsetze und dieses zuerst verbrannt werde. Mit dem pflanzlichen Eiweiß sei das wohl anders.

Ob das so stimmt, kann ich nicht beurteilen, ich bin kein Arzt. Ich kann nur sagen, dass es mir hilft, auf tierisches Eiweiß zu verzichten. Also bezeichne ich mich immer als „light Veganer“, da es mir nur um das Eiweiß geht und nicht um den Rest.

Seitdem ich mich so ernähre, habe ich minimal abgenommen, obwohl ich auf nichts verzichte. Es gibt ja schließlich auch vegane Schoki. Im Alltag achte ich darauf, dass viel Gemüse, etwas Obst und komplexe Kohlenhydrate auf den Tisch kommen. Gemüsepfanne mit Vollkornreis, Auberginenauflauf, Falafel mit buntem Salat oder Rosmarinkartoffeln mit glasierten Tomaten sind ein paar Beispiele.

Beim Abnehmen haben mir auch die Entstauungswochen Anfang 2016 und 2017 im Krankenhaus geholfen. Um kurz zu erklären, was eine Entstauungswoche ist: Es wird versucht, das überschüssige Wasser, das sich in den Lymphbahnen staut, aus dem Körper zu schwemmen.

In dieser Woche schwimmt man morgens im Bewegungsbad und wird dann eventuell mit dem

Lymphomaten (ein medizinisches Gerät zur Lymphmassage) behandelt. Die manuelle Lymphmassage folgt und dann werden die Beine nach einer ganz bestimmten Art gewickelt. Mit diesen Wickeln werden Sport und Atemübungen gemacht.

In beiden Wochen erzielte ich super Ergebnisse. Beim ersten Mal 2016 habe ich an beiden Beinen insgesamt 7 und beim zweiten Mal 6,5 Zentimeter verloren. Leider konnte ich das Ergebnis vom ersten Jahr nicht halten, habe aber nur die 6,5 Zentimeter dazubekommen und nicht mehr. Und alleine das ist für mich ein tolles Ergebnis.

Seitdem habe ich, trotz wenig Essen, viel Sport sowie Bewegung, immer mehr zugenommen. Das ist halt Berta. Erbarmungslos. Darum freue ich mich heute über jedes Gramm weniger und jede Möglichkeit, meine vegane Ernährung durchziehen zu können.

Dass es in der Stadt diese Diele mit dem veganen Eis gibt, stimmt mich umso fröhlicher. Und nach der heutigen Radtour ist das der perfekte Abschluss des Tages, da kann mich auch diese fiese Kompri nicht von einem Lächeln abhalten.

Ein perfekter Frühlingstag.

02. Mai 2017

Kennt ihr diese Tage, an denen ihr morgens aufwacht und denkt, eigentlich ist alles gut? Doch dann reißt es euch den Boden unter den Füßen weg? Mal wieder?

Dies wird ein deprimierender Tag für mich und Berta. Gestern war doch alles gut. Warum nicht heute?

Nein, heute fühle ich mich fett, schwabbelig und unwohl. Warum? Einfach so.

Vor einer Weile bin ich bei Facebook einer Gruppe beigetreten, in der sich vom Lipödem betroffene Frauen oder Angehörige austauschen können.

Dieser Austausch ist für mich sehr erleichternd, denn seit der Diagnose vor eineinhalb Jahren versuche ich mir immer mehr Infos zu beschaffen. Es gibt so viele unterschiedliche Meinungen.

Beispielsweise wird die Liposuktion, also Fettabsaugung, von einigen Ärzten als *das* Allheilmittel genannt und andere raten da vehement von ab. Was ist also richtig?

Mein Problem ist, dass ich bisher noch keinen Spezialisten für diese Krankheit in meiner näheren Umgebung gefunden habe. Es gab bisher niemanden, der mir alle, und damit meine ich wirklich *alle* Fragen beantworten konnte.

Immer kam nur die Aussage: „Nu ja, wissen Sie, ich bin da kein Experte auf diesem Gebiet."

Aber warum denn nicht? Ist diese Krankheit so kompliziert, neu oder nicht gesellschaftsfähig? Hallo, es gibt doch schon gefühlte zigtausend Jahre Frauen, die damit kämpfen müssen. Und für jeden und alles gibt es in jeder Stadt irgendeinen Experten. Nur für uns nicht?!

Es ist sehr anstrengend und zerrt an den Nerven, sich alles mühselig alleine beschaffen zu müssen. Das Internet weiß schon einiges, aber möchte man in diesem Fall nicht mit jemandem persönlich darüber sprechen? Bei dem man sich sicher fühlen kann, dass das Gesagte auch seine Richtigkeit hat?

Dem Internet vertraue ich nicht. Da kann jeder alles schreiben. Gut gemacht fällt keinem auf, dass es vielleicht von einem Laien verfasst wurde.

Aber jetzt bin ich dieser Gruppe beigetreten, in der ich endlich zu vielen Gleichgesinnten Kontakt aufnehmen kann. Viele von ihnen haben sich bereits operieren lassen. Auf eigene Kosten, da die Krankenkassen diese Krankheit nicht so anerkennen, dass die OP gezahlt, geschweige denn anteilig mitgetragen wird. Ich habe mich bisher nur grob damit auseinandergesetzt, was diese OP an den Beinen kosten würde. Um die fünfzehntausend Euro ist man locker los.

Aber diese Frauen haben ein tolles Ergebnis und sehen so glücklich und stolz aus. Mir fehlen leider die nötigen Informationen, der Mut und zudem das Kleingeld. Doch jedes Mal, wenn ich diese Bilder sehe, wächst der Traum, es ihnen gleichzutun. Ich möchte auch wieder glücklich sein und mir nicht jeden Tag Gedanken darüber machen müssen, wie ich aussehe. Also werde ich anfangen zu sparen, denn wer weiß, ob ich mich irgendwann traue, diese OP durchführen zu lassen.

Ich bin derzeit dabei, eine Reha in einer Fachklinik für Ödeme zu beantragen. Dort gibt es Ärzte, die sich mit Berta auskennen. Ich werde alles tun und dafür kämpfen, dass ich diese Reha antreten darf, damit ich endlich meine

Antworten erhalte. Mein Hausarzt hat mir beim Ausfüllen des Antrages bei der Deutschen Rentenversicherung geholfen.

Jetzt heißt es jedoch erstmal: Den Kopf freibekommen und nicht komplett deprimiert in der Ecke sitzen. Heute scheint nicht unbedingt die Sonne, aber ein Gang vor die Tür soll ja manchmal wahre Wunder bewirken. Ein Versuch ist es wert. Also Berta, zieh dich an, wir gehen Gassi.

03. Mai 2017

Dieser Tag ist einfach toll. Stressfrei und unbeschwert. Die letzte Zeit war dagegen sehr durchwachsen. Ein ständiges Auf und Ab, unzählige Fragen und ein Haufen Arbeit.

Ich bin bei einem Arzt in Behandlung, der mir vor eineinhalb Jahren die endgültige Diagnose gestellt hat, aber dieser sagte mir bisher auch nur, dass er sich nicht zu 100% mit Lipödem auskenne und mir darum leider nicht alle Fragen beantworten könne. Für ihn sei es ein neuer Bereich, auf den er sich noch spezialisieren müsse.

Darum bin ich seit Wochen damit beschäftigt, mich im Internet über einen Facharzt in meiner Nähe zu informieren. Im Netz gibt es unzählige Hinweise und Tipps, nur leider ist nie jemand in meinem Umkreis dabei.

Nichtsdestotrotz gab ich „Gefäßmediziner“ in der Suchmaschine ein und prompt erschien eine lange Liste. Also setzte ich mich hin und telefonierte alle ab. Und dann der Knüller!

Bei meiner Frage: „Kennt sich der Arzt mit Lipödem aus?“, kam vom Gegenüber am Telefon nur: „Mit wat? Ne.“

Ich war sprachlos. Das heißt „wie bitte“ oder „entschuldigen Sie, was haben Sie gesagt?“, aber ich bekomme die Antwort: „mit wat?“

Nicht zu fassen.

Dann ging die Suche nach Phlebologen weiter. Also das andere Wort für jemanden, der sich mit Adern, Gefäßen und Venen auskennt.

Ist das dann nicht das Gleiche?

Ne, laut der netten Suchmaschine im Internet nicht, denn der Gefäßmediziner werde wohl Angiologe genannt und nicht Phlebologe.

Steig ich nicht ganz durch, macht aber auch nichts. Selbst wenn ich es verstehen würde, hätte mir das nicht weitergeholfen. Demnach rief ich die wenigen Phlebologen in der Gegend an. Und Tadaaa, da war doch wirklich eine nette, und das ist nicht gelogen, Dame am Telefon, die mir sagte: „Klar, damit kennt sich Frau Doktor aus.“

Na geht doch. Berta, meine liebe, heute ist ein wirklich guter Tag, wir haben ein Date mit Frau Doktor. Und das schon in der nächsten Woche. Nun bin ich gespannt wie ein Flitzebogen, ob sie mir meine Fragen beantworten kann.

Vorgestern lag ich nachts sehr lange wach. Mir gingen so viele verschiedene Bilder durch den Kopf. Wie im Kino. Das hörte gar nicht mehr auf und alles durcheinander. Also stand ich auf und versuchte, wieder müde zu werden. Ging irgendwie nach hinten los.

Mit dem Handy in der Hand machte ich es mir auf der Couch gemütlich, falls doch die Augen zufallen sollten, hätte ich es wenigstens bequem. Dann recherchierte ich nochmal bezüglich der OP. Unter den vielen Erfahrungsberichten waren auch einige dabei, die die negativen Seiten aufzeigten. Bisher habe ich nur Positives gelesen. Wie gut das nachher aussehe, wie toll und wohl man sich fühle.

Klar, das Negative will ja nie jemand hören. Zugegeben, ich auch nicht. Warum denn auch, wenn es doch so einfach sein kann? Schnipp schnapp, ab mit dem Ballast.

Nein, ganz im Ernst. Wenn die Entscheidung fällt, diese OP machen zu lassen, um mich von Berta zu befreien, dann gehören auch die Nebenwirkungen dazu. Ich werde jetzt nicht im Kleinen auflisten, wie so etwas abläuft, denn ich hatte noch kein Beratungsgespräch mit einem Chirurgen. Ich kann wirklich nur berichten, was ich gelesen oder gehört habe, und der Ablauf ist schon gruselig. Dass es beispielsweise Monate dauern könne, bis man schmerzfrei, ohne blaue Flecken und mit Gefühl in den Beinen lebe.

Das alleine wäre ja noch in Ordnung, wenn danach alles super wäre. Es gibt nämlich einige, die berichten, dass sie danach schlanke Beine haben, aber der Bauch oder die Arme mehr Umfang bekommen würden. Und wenn man Pech habe, tauche es an den Beinen wieder auf.

Mein erster Phlebologe hat es mir so erklärt:

Wenn man eine Berta hat, also das Lipödem, dann gebe es im Körper kranke Fettzellen, die mutieren und sich unnatürlich vermehren *könnten*. Die Auslöser dafür seien hormonell bedingt oder Stress. Wenn man sich nun dieser OP an den Beinen unterziehe, dann werde versucht, die kranken Zellen abzusaugen. Wenn man Glück habe, seien diese danach an den Beinen vollständig weg. Aber in den nicht operierten Bereichen wie Armen, Bauch und Rücken können diese Zellen ebenfalls sitzen und sich ausbreiten.

Wenn man Pech habe, werden bei der OP nicht alle kranken Zellen in den Beinen entfernt und die übriggebliebenen könnten erneut wachsen. Es gebe Frauen, die sich deswegen auch an den Armen und manche sogar am Bauch vorsorglich operieren lassen, obwohl diese Bereiche noch keine deutliche Lipödem-Vermehrung zeigen.

Wie gesagt, so habe ich es verstanden. Wenn dies nicht stimmt oder sogar falsch ist, darf man mich gerne kontaktieren, um das richtigzustellen.

Nachdem ich diese Erfahrungsberichte gelesen habe, ist der Gedanke an eine OP erstmal verschwunden. Erstmal. Ich habe einen recht flachen Bauch, und meine Arme sind zum Glück noch nicht schwer betroffen. Diese sind zwar nicht richtig schmal, aber das sind ein paar Muckis von meinem Job und ein kleiner Berta-Nachwuchs.

Das riskiere ich nicht. Berta, ich behalte dich bei mir, kannst aufhören zu weinen. Ganz im Gegenteil, liebe Berta, wir fangen wieder an mit Sport.

Mh, ich weiß, dass sie das nicht mag. Ihr Kommentar dazu ist immer: „Och nö, bitte nicht! Das Sofa wäre so viel angenehmer und bequemer."

Ja, ich weiß. Aber das ist mir jetzt egal. Ich bin keine Sportskanone, doch ich bewege mich gerne, bin auch gerne draußen und unter Leuten. Ich kann mich nicht immer einschließen und faul sein. Ich brauche Bewegung. Und Berta, wenn wir mal an einem Strang ziehen würden und du etwas mehr Spaß am Sport hättest, würde uns der Alltag leichter fallen. Also, krieg deinen Hintern hoch! Du wirst sehen, es wird uns guttun, uns beiden.

06. Mai 2017

Heute waren mein Männe und ich los, um uns, also Berta und mir, neue Sportklamotten zu kaufen. Am ersten Samstag im Monat in die Stadt zu gehen, gleicht meistens dem reinsten Wahnsinn, vor allem im Mai. Aber gut, musste heute sein. Meine alte Hose durfte nach sechs Jahren endlich das Zeitliche segnen.

Ich fand sogar zwei neue Sportbuxen. Hat zwar etwas gedauert, doch ich habe welche. Wie immer das gleiche Spiel: Die eine zu eng, die andere zu kurz, hat eine am Hintern gepasst, war der Bund oben zu weit. Oft erst gar nicht reingekommen, in der Herrenabteilung geschaut, Farbe ungünstig, da Bertas Orangenplantage richtig schön zur Geltung kam (die soll ja mit zum Sport, aber bitte nicht in der ersten Reihe tanzen) und so weiter.

Mein Männe durfte, oder besser gesagt, musste mich beraten. Ja, das macht er. Und er ist immer ehrlich. Wenn er sagt, dass es gut ist, dann ist es gut. Wenn er sagt, dass es nicht so dolle ist, dann Finger weg. Die T-Shirts waren kein Problem. Lange Schlabbershirts sind ja momentan voll im Trend, wie praktisch.

Mit den neuen Outfits wird es also kein Problem mehr sein, mich und Berta zu motivieren. Zweimal die Woche direkt nach der Arbeit, das ist zu schaffen. Wir werden in den nächsten Wochen sehen, ob wir das artig durchziehen. Ich für meinen Teil habe gerade so viel Motivation, dass ich ganz guter Dinge bin.

Jemand, der mich noch ermutigt, ist meine Physiotherapeutin Svenja. Jeden Dienstag und Donnerstag um 7:15 Uhr steht Lymphmassage auf dem Plan. Das Praktische ist, dass die Praxis direkt auf meinem Weg zur Arbeit liegt.

Meine Svenja ist ein wahres Goldstück. Ich kenne sie seit meiner ersten Entstauungswoche im Krankenhaus. Ich hatte damals jeden Morgen die Therapiestunde bei ihr, sprich manuelle Lymphdrainage, kurz MLD, und die Wicklung der Beine. Am Ende der Woche hat sie mir angeboten, die Therapie weiterzuführen. Für mich ein wahrer Segen, weil ich Arbeit und Lymphmassage miteinander verbinden kann. Und da wir uns von Anfang an gut verstanden haben, hat mich das natürlich gefreut. Sie war auch diejenige, die mir viele meiner Fragen beantworten konnte und mir Mut machte. Mut, den ich damals ganz dringend gebraucht hatte. Ich hatte bis zu diesem Zeitpunkt nie eine Lymphmassage bekommen und auch noch keine Kompressionshose getragen. Und diese Hose ist, wie ihr wisst, der absolute Horror für mich. Gerade, wenn man relativ jung ist, möchte man nie hören: „Sie müssen Kompressionsbekleidung tragen."

Der erste Gedanke, der mir damals in den Kopf schoss, war das Bild einer alten Dame, die sich unter Qualen in diese fleischfarbenen engen Strümpfe quetscht, und, nachdem sie es geschafft hat, auf ihrem Holzstuhl am Küchentisch sitzt und Kartoffeln schält. Bekleidet mit einem Hauskittel und Schürze, auf dem Holztisch eine bunte Lackdecke, die mehr praktisch als schön ist, weil man sie schnell abwischen kann. Und im Hintergrund WDR1. Läuft … bergab und rückwärts, aber läuft.

Ich habe geweint, nein, geheult wie ein Schlosshund. Oft alleine, wenn niemand dabei war, aber auch wenn mein Männe neben mir saß.

Wovor ich damals Angst hatte: Wenn ich mit diesem Fleischanzug hier sitze, sucht sich mein Männe ganz schnell eine andere. So kann mich doch keiner mehr lieben.

Mein Männe sagte mir von Anfang an, dass es ihm egal sei, ob ich diese Hose tragen müsse oder nicht. Es würde mir ja schließlich guttun und die sehe aus wie eine Leggings. Es sei für ihn überhaupt kein Problem und würde auch nichts zwischen uns ändern.

Ja, und da hat mir meine liebe Svenja auch immer gut zugeredet und mir stets gesagt, es sei alles gar nicht so schlimm. Es gebe Schlimmeres und die Hosen seien in so vielen unterschiedlichen Varianten, mit Muster und in richtig coolen Farben erhältlich.

Das stimmt. Es gibt Schlimmeres, viel Schlimmeres. Aber nicht für mich. Nicht damals. Doch sie hatte recht. Ich erhielt eine Strumpfhose in Schwarz, danach in Pink. Mittlerweile kann man die Kompris sogar unter Röcken anziehen (wobei ich definitiv keinen Rock tragen würde), und keiner bemerkt, dass es keine einfache Strumpfhose ist.

Man muss sich einfach daran gewöhnen, und das habe ich ehrlicherweise bis heute nicht ganz. Dieses Gefühl ist nicht schön. Ich trage gerne Jeans und ziehe darunter die Kompri an, doch die rutscht und zieht sich anders. Und so habe ich immer das Gefühl, dass man die Kompri sieht und ich dicker wirke.

Der erste Tag war grausam. Ich hatte das Gefühl, mir würde der Magen eingeschnürt und ich könnte kaum atmen, die Beine platzten gleich aus der Jeans und alle sähen mich doppelt so fett.

Nach ein paar Tagen gewöhnte ich mich irgendwie daran.

Allerdings ist das Arbeiten mit der Kompri unter der Hose eine Qual. Ich bin Gestalterin für visuelles Marketing, kurz gesagt Dekorateurin in einem großen Warenhaus. Meine Arbeit besteht aus Laufen, Stehen, Leiter hoch und runter, Kniend auf dem Boden und im warmen Schaufenster arbeiten. Im Sommer läuft da einem auch ohne Kompri das Wasser am Hintern runter. In der Hose ist es teilweise so heiß, dass ich nicht in die Fenster kann und diese Arbeit abgeben muss. (Ich danke an dieser Stelle meinen beiden Deko-Mädels, die so viel Verständnis für mich haben) Kniend auf dem Boden arbeiten hört sich zwar harmlos an, aber mit der Kompri eine Tortur, da sie einschneidet und sich schmerzhaft ins Fleisch drückt. Und wenn man dann ein kaputtes Knie hat, ist das kein Geschenk. Ich muss also genau das machen, was im

Allgemeinen mit einer Kompressionshose extrem anstrengend ist.

Was auch noch hinzukommt, sind die heißen Füße. Unglaublich. Auf Anfrage bei der Krankenkasse erhielt ich eine Leggings. So war wenigstens das Gefühl der Feuerfüße weg.

An den Tagen, an denen es besonders schlimm ist, verfluche ich diese Hose und sitze abends weinend zu Hause, weil ich einfach nicht mehr kann. Ja, man soll mit der Hose Sport machen, da es die Kompression anregt, aber ich denke dann immer: Wie soll das gehen, wenn ich im normalen Alltag schon damit zu kämpfen habe?

Und dann folgen die negativen Gedanken: Warum ich? Was habe ich getan, dass der liebe Gott *mich* so bestrafen muss?

Ich finde keine Antworten. Das, was mir unbeschreiblich hilft, sind die zwei Lymphtermine in der Woche. Wenn man es ein Jahr konsequent durchzieht, hinterlässt es deutlich positive Erfolge. Wobei ich auch schon gehört habe, dass dies nicht bei allen gleich gehandhabt werde. Einige Betroffene bekommen leider nicht die Menge an Lymphmassagen verordnet, die nötig sei.

Ich kann nur sagen, dass ich ohne die Lymphmassage nicht so beschwerdefrei leben könnte wie jetzt. Die Schmerzen in den Beinen haben deutlich abgenommen und die Verhärtungen sind kleiner und zurückgegangen. Wenn ich nur einen Termin in der Woche nicht wahrnehmen kann, merke ich das sofort. Somit weiß ich, warum ich da fleißig hingehe. Und wenn ich jetzt wieder artig Sport mache, ist das ebenso gut.

Beim Sport gibt es den sogenannten Vacustep. Das ist quasi ein Stepper, der aussieht wie ein riesiges Ei. In diesem wird ein Unterdruck erzeugt, sodass es sich anfühlt, als würde man nach unten gezogen. Gegen diesen Unterdruck muss man arbeiten. Das ist ein gutes Training für die Venen und Lymphgefäße. Dadurch hatte ich im Sommer deutlich weniger Probleme mit Wassereinlagerungen.

Alles in allem sind Berta und ich auf einem recht positiven Weg in die nächsten Wochen. Apropos positiv. Die Fotos für mein Projekt habe ich natürlich nicht aus den Augen gelassen. Am Schreiben bin ich ja schon fleißig. Ich tippe jetzt seit einer Woche und ich muss sagen, dass es sich unglaublich gut anfühlt, einfach drauflos zulegen, wenn Berta mich ärgert oder mich in Ruhe lässt.

Wie sagt man so schön: Alles was man aufgeschrieben hat, hat man sich von der Seele geschrieben. Und so fühlt es sich an. Befreiend.

Heute habe ich also mit der lieben Fotografin gesprochen, die ich für mein Projekt begeistern konnte. Ich bin total happy. Ich habe ihr am Telefon erklärt, dass ich zwölf Monate lang mein Leben mit Berta festhalten möchte und ich dafür eine Fotografin benötige. Sie hat sofort ja gesagt. Ich freue mich so!

Am nächsten Freitag ist es schon so weit. Ich werde mich neunzig Minuten lang ins Auto setzen und dann werden wir die ersten Fotos schießen. Ich musste sie natürlich impfen, dass sie es keinem verraten darf, da niemand außer meinem Männe und meiner Physio von diesem Projekt weiß. Keine Freundin, keine Familie, wirklich niemand. Und da die Fotografin meinen Bruder und meine Schwägerin kennt, musste ich sie gleich ins Boot holen.

Ich weiß ja noch nicht, ob ich das Ganze hier wirklich veröffentlichen möchte oder ob es einfach nur für mich bleibt. Das werden wir sehen, wenn das Projekt beendet ist.

09. Mai 2017

Wir haben bereits den 09. Mai. Ich habe diese Woche Urlaub und gestern Abend war ich mal wieder nach langer Zeit aus. Bei uns in der Stadt wird jedes Jahr ein großes Straßenfest veranstaltet, das über zehn Tage andauert. Das ist quasi das Wacken der Bürokaufleute und der Zirkus der Handwerker. Jeden Abend treten auf zig Bühnen verschiedene Bands und Musiker auf. Die ganze Stadt ist auf den Beinen. Man trifft sich und feiert, sieht alte Bekannte wieder und hat einfach Spaß.

Ich besuchte das Fest mit einer Kollegin, mit der ich mich gerne privat treffe, um mal richtig zu klönen.

Was ich gestern Abend neu entdeckt habe: Keksteig. Ich habe gedacht, ich werd bekloppt. Jeder kennt doch diese süßen Klumpen Keksteig aus dem Ben & Jerry‘s Eis. Es gibt jetzt einen Stand, der Keksteig verkauft. Portioniert wird nach Kugel und es gibt sechs Toppings wie Smarties, Kuchenkrümel, Marshmallows und vieles mehr. Dazu noch Schoko- oder Himbeersoße. Ich habe mich verliebt!

Dieser Keksteig schmeckt wie der Weihnachtskeksteig von meiner Mutter. I love it.

Oh, ihr denkt jetzt: Die hat doch die Berta, die Fettverteilungsstörung. Wie kann man denn so etwas Süßes und Kalorienreiches essen?

Ja, ich kann. Denn auch ich bin nur ein Mensch und sehe es nicht ein, immer verzichten zu müssen. Ich achte sehr auf meine Ernährung und versuche mich viel zu bewegen, aber das ein oder andere Mal habe auch ich das Recht, über die Stränge zu schlagen. Ich bin schon recht eingeschränkt und muss sehr kontrolliert mit mir sein.

Aber gerade wenn es darum geht loszulassen, rauszugehen und Spaß zu haben, ja, dann esse ich diese fiesen Kalorienbomben, über die ich mich am nächsten Tag ärgere. Doch das ist es mir wert. Ich gehe nicht jeden Tag, jede Woche oder jedes Wochenende aus. Das ist eher selten. Also kann ich es genießen. Und das, finde ich, sollte jeder tun.

Kein Mensch kann immer überall auf alles achten. Weiß ich denn, ob es wirklich stimmt, wenn ich mir unterwegs etwas zu essen hole und der Verkäufer mir sagt, dass es vegan ist? Nein, das kann ich nicht wissen. Also ist es sowieso ein bisschen wie Roulette.

Apropos vegan. Ich weiß nicht, warum ich mit meiner veganen Ernährung bisher so gut zurechtkomme. In einem der Foren, in denen ich unterwegs bin, hat eine Betroffene ein Video weitergeleitet. Hier beschreibt ein Facharzt die Therapiewege bei einem Lipödem. Das Video besteht aus zwei Teilen. Ich habe mir beide angesehen und fand sie sehr gut.

Denn es ist so erklärt, dass es wirklich jeder verstehen kann. Um es mal in meinen Worten zusammenzufassen: Eiweiß- und fettarme Ernährung helfen dem Körper, auf die Fett- und Eiweißreserven zurückzugreifen, die im Körper gelagert werden. Soweit nicht anders als bei gesunden Menschen. Der gesunde ist nur in der Lage, schneller auf diese Reserven zurückzugreifen. Wir hingegen haben das Problem, dass sich das überschüssige Eiweiß und Fett in den Lymphbahnen festsetzt und nicht verschwinden will. Das Eiweiß setzt die Fettzellen zu und verstopft diese.

Wie gesagt, so habe ich es verstanden.

Und da bin ich schon bei meinem nächsten wichtigen Teil dieser Woche. Ich war heute Morgen bei der Phlebologin, die ich neulich im Internet ausfindig gemacht hatte. Ich muss sagen, ich bin sehr begeistert von dieser Ärztin. Ich habe ihr meine Vorgeschichte erzählt, damit sie weiß, was ich schon alles versucht und unternommen habe. Und wie wichtig es für mich ist, einen Facharzt zu finden.

Hätte mich vor sechs Jahren nicht jemand auf dieses Thema angesprochen und mir vorsichtig den Hinweis gegeben, mit meiner „Beinform“ zu einem Arzt zu gehen, wüsste ich wahrscheinlich bis heute nicht, was mit mir los ist. Damals hat es mich sehr getroffen, als eine fremde Frau, die selbst betroffen ist, auf mich zukam und mich zurückhaltend fragte, ob ich wüsste, dass ich eventuell das Lipödem hätte. Es riss mir den Boden unter den Füßen weg. Vermutet hatte ich es schon, aber von jemand Fremdes darauf angesprochen zu werden, ist ein ordentliches Brett ins Gesicht.

Klar, jetzt bin ich ihr unendlich dankbar, denn nur dadurch konnte ich mich ausgiebig über das Thema informieren. Aber das ist etwas, was keine junge Frau hören möchte. Mit sich selbst eh schon unzufrieden, weil keine Diät wirklich hilft. Mit der Körpergröße 1,80 cm auch nicht die Kleinste, fällt man eh schon etwas auf.

Ja, und so bin ich los zum ersten Arzt. Die Ärztin, die mich damals *untersucht* hat, ich muss das betonen, da es keine wirkliche Untersuchung, sondern eher eine Fleischbeschauung war, hatte lediglich den Kommentar „Mehr bewegen, weniger Essen“ für mich übrig.

Ja, das sagen irgendwie alle. Diese Ärztin hatte sich nicht für meine Vorgeschichte interessiert, sie ließ mich im Raum stehen und ging.

Ich habe zwei weitere Jahre bis zum Umfallen gesucht und bin nur durch Zufall zu einem Arzt gekommen, der es mir näher erklärt und sich Zeit für mich genommen hat. Leider hat dieser mir von Anfang an gesagt, dass er kein Spezialist in diesem Bereich sei. Man mache es wohl mit, aber ein richtiger Facharzt für diese Krankheit sei er nicht.

Na ja, immerhin war ich einen Schritt weiter. Ich wusste nun zumindest, dass Berta eine chronische, nicht heilbare Krankheit ist und dass man immer mehr, aber nie weniger wird. Er hat mir auch gesagt, ich müsse Kompressionsbekleidung tragen, Lymphmassagen bekommen und hat mir den Vorschlag mit der Entstauungstherapie im Krankenhaus gemacht. Das habe ich Anfang 2016 in Anspruch genommen.

Es ist schon sehr traurig, dass es fünf Jahre gedauert hat, bis ich mich in guten Händen befunden und verstanden gefühlt habe. Nun ist schon meine zweite Entstauungswoche acht Wochen her.

Mich hat es weiterhin gequält, dass mir niemand was Sicheres sagen konnte. Darum habe ich weitergesucht und die Ärztin von heute Morgen gefunden. Wirklich sehr nett und verständnisvoll. Aber auch sie sagte mir, dass sie keine richtige Fachärztin auf diesem Gebiet sei. Sie hat mir erklärt, dass man diese Krankheit eher durch Ausschlussverfahren feststellen könne und dass es bestimmte Kriterien gebe, die dafürsprechen. Ein Lymphödem könne es nicht sein, weil meine Füße nicht betroffen seien. Die Anzeichen für ein Lipödem seien Druckempfindlichkeit, schmerzende Beine, Reiterhosen, blaue Flecken.

Ich sagte ihr, dass die Druckempfindlichkeiten und Schmerzen sehr gering sind.

Sie erklärte, dass diese Kriterien nicht unbedingt alle auftreten müssen. Genauso verhalte es sich damit, dass viele Betroffene sagen, sie merken keinen Unterschied ob mit oder ohne Lymphmassage, aber die

Kompressionsbekleidung lindere die Wassereinlagerungen schon.

Bei mir ist dies anders herum. Die Kompressionsbekleidung muss ich im Job teilweise weglassen, weil sie mich sehr behindert und mein Knie dadurch sehr schmerzt. Ich merke nicht direkt einen Unterschied, wenn ich die Kompri mal nicht trage. Dafür spüre ich sofort, wenn ich nur einen Termin zur Lymphmassage nicht wahrnehmen konnte.

Man kann also nicht sagen: Du hast ein Symptom nicht, also hast du kein Lipödem.

Um ganz sicherzugehen, dass sonst alles in Ordnung ist, wurden heute auch meine Venen und oberen Gefäße kontrolliert und diese sind, zum Glück, top in Ordnung. Na wenigstens etwas.

Das Fazit der Phlebologin ist, dass es sich um ein Lipödem handelt und die Venen toppi sind. Sie hat mir eine Broschüre von einer Klinik mitgegeben, die sich seit circa achtzehn Monaten auf Ödemtherapien spezialisiert hat.

Das Gute ist, dass diese Klinik eine halbe Stunde Autofahrt von hier weg ist. In dieser Klinik gibt es eine Ambulanz und eine Reha-Einrichtung. Ich werde gleich morgen früh dort anrufen und mir einen Termin geben lassen. Ich habe ein gutes Gefühl, dass man mir in einem persönlichen Gespräch erklären kann, was diese Krankheit ist, welche Unterschiede es gibt und in welchem Stadium ich mich befinde.

Laut Arzt Lipödem Stadium 1, laut Krankenakte bei der Krankenkasse Lymphödem Stadium 3. Das driftet mir doch sehr weit auseinander. Ich möchte Gewissheit darüber haben, was auf mich zukommen könnte.

Alle sprechen immer davon, dass diese Krankheit in Schüben ausbreche. Aber was heißt das? Was passiert da, wie merke ich das? Dass der Schub durch hormonelle Änderungen auftreten kann, weiß ich. Ist das alles? Was ist, wenn wir eine Familie gründen wollen? Ist es dann sicher, dass ich einen Schub bekomme? Wenn wir mal eine Tochter haben sollten, hat sie die Krankheit dann auch? Das sind Fragen, die mich beschäftigen.

Diese Gedanken kreisen jeden Tag in meinem Kopf umher und darum ist es so wichtig, sich abzulenken. Dafür sind das Stadtfest und andere Unternehmungen wie gemacht. Kopf aus, Leben an.

12. Mai 2017

Heute ist Freitag, mein letzter Urlaubstag. Und dieser war ein emotionales Auf und Ab. Anfangs war ich ganz gut drauf, denn heute hatte ich eigentlich nur schöne Sachen vor. Morgens hatte ich einen Termin, um Berta ein zweites Outfit auszusuchen, sprich meine zweite Kompri für dieses Jahr. Berta kann ja schließlich auch nicht immer im gleichen Fummel rumlaufen.

Im Sanitätshaus angekommen habe ich eine Leggings gewählt. Man hat mir damals beim ersten Mal gesagt, ich solle am besten eine Strumpfhose als Kompri tragen. Somit sei alles abgedeckt und ich laufe nicht Gefahr, dass es sich am Hintern staue. Die Kompressionshosen sorgen dafür, dass die Lymphen angeregt werden und ein besserer Abtransport gegeben sei. So könne sich in dem zu viel vorhandenen Gewebe weniger Wasser sammeln, welches dann auch nicht staue.

Da ich ein Lipödem und kein Lymphödem habe, sind meine Füße zum Glück nicht betroffen. Bei der Strumpfhose habe ich, wie schon vorher beschrieben, sehr schnell gemerkt, dass sich meine Füße anfühlen, als würde ich auf heißen Kohlen laufen. Also bin ich auf Leggings umgestiegen.

Das Problem dabei ist, dass einem nur zwei Versorgungen pro Jahr zustehen. Meine Krankenkasse hat mir im ersten Jahr, vielen Dank, liebe Krankenkasse, drei genehmigt, da ich so nicht arbeiten konnte. Also nahm ich dieses Mal nach meinem Krankenhausaufenthalt eine Leggings, um dem Problem der Feuerfüße vorzubeugen.

Heute konnte ich mir also meine zweite für dieses Jahr aussuchen. Im Grunde ja nix Wildes. Im Grunde. Als noch einmal Probe gemessen wurde, teilte man mir freundlich mit: „Na, da sind aber ein paar Zentimeter mehr als beim letzten Mal."

Dann war es vorbei mit dem tollen Tag.

Ich lächelte und versuchte mich zu erklären. Erstens hatte ich in den letzten Tagen nicht mehr meine drei Liter pro Tag getrunken, so wie ich es eigentlich müsste. Zweitens war ich auf dem Straßenfest gewesen und da konnte ich einfach nicht am Keksteig vorbeigehen. Drittens hatte ich diese Woche Urlaub und habe alles andere als vegan gefuttert. Ich hatte einfach Hunger auf alles und habe mir dummerweise nichts verboten. Ein riesiger Fehler wie sich herausstellte.

In diesem Moment ärgerte ich mich wieder über mich selbst. Hatte ich mir doch gerade gesagt, dass ich mir auch mal was gönnen dürfe, so war dies das Schlimmste, was ich mir antun konnte. Alles dahin. Die Arbeit der letzten vier Wochen, die Entstauungswoche, der Sport, alles weg. Und das nur, weil ich in dieser Woche mal nicht auf alles geachtet habe. Ich könnte kotzen. Ja, das muss ich so deutlich schreiben.

Andere würden es einfach so machen, dass sie wieder auf sich achten und schwupp, wäre alles weg. Ja, schön wär‘s! Ich brauche dafür mindestens sechs Wochen.

Okay, nützt jetzt nix, lass dir nichts anmerken, kann die hilfsbereite und liebe Dame vom Sanihaus nichts dafür. Nur ich alleine.

Also wie immer: Manege auf und los geht die Vorstellung. Die Hose hat sich Berta in einem dunklen Rotton ausgesucht. Dazu gab es Söckchen, welche die Dame in einem leuchtenden Blau rausgepickt hat. Na, das knallt aber, wenn wir abends von der Arbeit kommen, die Jeanshose abstreifen und uns auf das Sofa schmeißen! Da leuchten die Söckchen und mein Männe wüsste gar nicht, wie ihm geschieht. Das wird ein Spaß.

Im Sanihaus fertig setzte ich mich ins Auto und fuhr in den Norden. Es ging zur Fotografin, denn heute ist FREITAAAG. Fototermin. Ich war echt nervös. Auf der Autobahn kam ich ganz gut durch. Neunzig Minuten Fahrt lagen vor mir und ich machte mir über die nächsten Tage Gedanken. Immerhin muss ich am Montag wieder arbeiten und ich sammelte meine letzte Motivation, und nahm mir fest vor, ab Montag zum hunderttausendsten Mal durchzustarten. Ab Montag ohne Wenn und Aber vegan und Dienstag zum Sport, das passt.

Bei der Fotografin angekommen lief meine Show immer noch. Ich ließ mir nichts davon anmerken, dass der Tag so eine beschissene Wendung genommen hatte und Berta muffig ins Auto gestiegen war.

Zuerst gab es Tee, so wie man‘s im Norden macht. Schwarz mit Kluntjes drin. Und geschnackt wurde auch. Über dies, das und jenes. Schließlich erklärte ich ihr kurz, was ich mit Berta vorhabe. Ich brauche ein Bild, das deutlich zeigt, wer Berta wirklich ist. Ein Foto mit Bertas Kompri und eines, wo ich mich gut fühle.

Die Fotos waren schnell im Kasten und ich muss sagen, es ging besser als gedacht. Einfach Jeans aus und drauf los. Zu Beginn hatte ich Angst, dass ich mich unwohl fühlen würde. Aber warum? Meine Fotografin weiß Bescheid, kennt meine Geschichte in kurzen Akten und hat Ahnung. DANKE, dass du es mir so einfach gemacht hast! Jetzt bin ich auf die ersten Bilder gespannt. Der nächste Termin ist Ende Juli. Sprich, ich habe zehn Wochen Zeit, Berta in Schwung zu kriegen, ob die will oder nicht.

Anstatt direkt nach Hause zu fahren, sah ich bei meinem Bruder und seiner Familie vorbei. Das mache ich viel zu selten, obwohl es so unheimlich guttut. Meine kleine Nichte ist jetzt gut fünf Monate alt. Es ist wahnsinnig, wie groß ihre Fortschritte zwischen meinen Besuchen sind.

Leider schaffen wir es viel zu selten uns zu sehen, da es einige Kilometer zu fahren sind.

Die Zeit mit den Dreien hat mich vom heutigen Morgen etwas abgelenkt. Genauso funktioniert es auch bei meinen anderen zwei Neffen. Die geben einem so viel und kennen noch keinen Unterschied zwischen dick und dünn, gesund oder krank. Die nehmen einen, wie man ist. Der Mensch und sein Charakter stehen im Vordergrund. Nichts anderes zählt und nichts anderes ist wichtig. Wenn ich zur Tür reinkomme und mir ein kleiner Fratz entgegenspringt, ist Berta ganz schnell vergessen und gehört in diesen Momenten nicht in mein Leben. In diesen Momenten muss Berta draußen bleiben. Diese Momente gehören nur mir.

Beim Schreiben stehen mir gerade Tränen in den Augen, weil mir mal wieder bewusst wird, wie sehr ich mich von Berta einengen lasse. Wie viel Macht sie über mich, mein Verhalten und meine Gefühle hat.

Auf der Rückfahrt nach Hause habe ich im Radio das Lied von Adel Tawil „Ist da Jemand“ gehört. Gibt es jemanden, der mich wirklich, so wirklich versteht? Ich weiß, dass es viel schlimmere Krankheiten gibt, ich weiß, dass es viel schlimmere Formen von Berta gibt. Aber WARUM ICH? So, wie es jetzt ist, ist es schon die reinste Qual und ich weiß nicht, wie lange ich die Manege noch aufrechterhalten kann. Wie lange kann ich verbergen, wie es mir wirklich geht? Und werde ich dann ernst genommen und verstanden?

Die Kompri ist mein Knast. Ich kann mich darin nicht so bewegen, wie ich gerne würde und wie ich es im Job müsste. Wenn ich die weglasse, hat Berta freies Spiel und macht, was sie will. Das mag eine Zeit gut gehen, aber auf Dauer bestimmt nicht. Ich glaube, für heute ist Schluss. Mein Urlaub ist beendet und ich muss mich sammeln, um Montag mit klarem Kopf zur Arbeit gehen zu können. Ich muss versuchen mich abzulenken. Die Woche war gut … bis heute.

17. Mai 2017

Nun ist schon fast wieder eine Woche vorbei. Drei Tage Arbeit liegen hinter mir. Am Montag nahm ich die restlichen Minibrownies mit, die ich zum Familien-Kaffeetrinken anlässlich Muttertag gebacken hatte. Natürlich vegan. Da saß ich also in meinem Büro und mein Chef kam rein. „Oh, essen Sie also immer noch diese veganen Reiswaffeln?“

Diese lagen ebenfalls auf meinem Schreibtisch.

„Jup. Aber Sie müssen mal diese Brownies probieren“, antwortete ich und bot ihm welche an.

Er zögerte, da diese ja *vegan* sind. Nach dem Probieren war es dann wie zu Weihnachten mit den Plätzchen:

„Oh man, die sind aber lecker!“

Ja, vegan ist nicht gleich Öko und Bio und kann richtig gut schmecken. Bei manchen Leckereien würde niemand ahnen, dass es vegan ist.

Ich muss sagen, es geht mir verhältnismäßig gut. Mein Depri-Tief räumte ich irgendwie halbwegs zur Seite. Leider habe ich es bis heute nicht geschafft, zum Sport zu gehen. Aber morgen auf jeden Fall. Dann schaffe ich es noch zweimal diese Woche.

Bei der Fachklinik, die mir die Ärztin letzte Woche genannt hat, versuchte ich einige Male anzurufen. Leider ohne Erfolg. Entweder war der Arzt nicht anwesend oder ich habe die Sprechzeiten verpasst. Vielleicht habe ich morgen Glück.

Trotz alledem probierte ich diese Woche mal was Neues in der Küche aus. Weizengraspulver. Soll ja angeblich ganz gut sein. Ich gebe zu, das schmeckt mir nur in Smoothies. Ich muss nächste Woche mal meine Ernährungsberaterin fragen, ob das wirklich so gut ist. Solche *Superfoods* sind ja gerade richtig angesagt.

Großartig verändert hat sich noch nichts. Dass ich die letzten Tage recht müde bin, liegt eher an der veganen Ernährung. Mein Körper braucht erst ein paar Tage, um sich umzustellen. Die Umgewöhnung von vegan auf die alten Essgewohnheiten geht fix, aber andersherum brauche ich immer so meine zwei Wochen. Die erste Zeit habe ich oft das Gefühl, dass ich nur schlafen könnte. Das gibt sich wieder. Außerdem weiß ich, wofür ich es tue. Nämlich für mich.

Wir schafften es auch endlich, unseren Urlaub zu buchen. Jetzt habe ich acht Wochen Zeit, mich irgendwie strandtauglich zu bekommen. Mein Männe meint immer, ich spinne. Aber ich möchte doch so gut wie möglich aussehen, damit er sich nicht schämen muss, mit mir an den Strand zu gehen. Wenn er das jetzt lesen könnte, würde er die Augen verdrehen und sauer werden, weil ich Blödsinn schreibe. Das Blöde dabei ist, dass ich nicht glauben kann, dass es ihm egal ist. Und vor allem nicht, wenn es bei mir mit Pech noch mehr wird.

Doch ich habe Angst, dass es ihm irgendwann peinlich ist, mit mir unterwegs zu sein. Mein Männe ist jemand, der viermal die Woche zum Training geht, sportlich aussieht. Wir sind circa gleich groß, aber ich bin am Hintern und an den Beinen fast doppelt so breit wie er. Das ist mir unangenehm. Es sagt immer, er liebe mich so wie ich bin, ich könne mich gut und vernünftig anziehen und er finde, ich sehe gut aus. Und er meint es ehrlich, denn sonst wäre er nicht schon sechs Jahre mit mir zusammen. Im Grunde kennt er mich nicht anders. Er unterstützt mich bei allem, was ich mache. Und wenn ich ihn bitten würde, mit mir zu einem Arzt zu fahren, der am anderen Ende der Welt wäre, mein Männe würde es tun. Ohne Wenn und Aber. Er tut alles für mich. Ich muss mich selbst an die Nase packen und aufhören mir einzureden, dass es für ihn blöd oder unangenehm ist.

Mein Männe ist jemand, der sagt, wenn ihn etwas stört. Er sieht, dass ich viel tue, um Berta in Schach zu halten. Auch wenn es Rückschläge gibt und ich inkonsequent mit mir bin, mein Männe unterstützt mich und macht mir niemals Vorwürfe.

Ganz im Gegenteil, er versucht mich zu motivieren, macht meine veganen Essgewohnheiten mit, damit es mir leichter fällt, und pusht mich. An seinem Sportwahn bin ich etwas schuld, da er mir zeigen möchte, dass es geht, sich mehrmals die Woche hochzuraffen. Als ich ihm von meinem Projekt erzählte, war seine Reaktion: „Mach!" Auch hier bekomme ich seine volle Unterstützung. An dieser Stelle muss ich es sagen: DANKE dafür! Das alles würde nicht jeder machen und ich würde es ohne dich nicht schaffen. Ich merke immer wieder, wie wichtig es ist, Bestätigung von außen zu bekommen. Dass man eben nicht nur Berta beziehungsweise das Lipödem ist, sondern auch noch der Mensch dahinter.

23. Mai 2017

Die letzte Woche war recht gut. Seit ich mich wieder konsequent an meinen veganen Futterplan halte, geht es mir deutlich besser. Seit circa einer Woche halte ich das durch und bin wirklich stolz auf mich. Ich fühle mich besser, bin nicht so müde, aktiver und einfach gut gelaunt.

Ich bin erstaunt, welche Auswirkungen das richtige Essen auf den Körper und die Seele haben kann. Wenn wir bei der Familie oder Freunden waren und es gab Essen, habe ich entweder abgelehnt oder wusste, was ich nehmen kann, ohne ein schlechtes Gewissen zu haben.

Selbst die Eisdiele bei uns unten an der Straßenecke hat nun veganes Eis. Ich dachte, ich flipp aus. Der Sommer ist gerettet! Jetzt gibt es zwei Eisdielen in der Stadt, bei denen ich meinen Eishunger stillen kann. Eigentlich könnte ich mich im Sommer morgens, mittags und abends nur von Eis ernähren. Meine Lieblingssorte diesen Sommer: Banane.

Berta findet‘s auch ganz gut. Ich musste ihr nur klipp und klar sagen, dass sie sich mit dem Eis nicht anfreunden und es bloß nicht einladen darf zu bleiben. Nach dem kleinen Genuss muss das Eis sofort gehen. Das ist die Bedingung!

Beim Thema Sport kommt mein schlechtes Gewissen durch. Ich habe so gut angefangen, und jetzt schluse ich schon wieder rum. An den Abenden war mir immer ein Termin dazwischengekommen, also nahm ich mir vor, am Wochenende zu gehen. Am Samstag grätschte mir glatt der Wohnungsputz rein und am Sonntag hat allen Ernstes die Sonne geschienen! Welch‘ eine Frechheit. Da hatten Berta und ich erst recht keine Lust, ins Studio zu gehen.

Dafür haben mein Männe und ich uns entschieden, eine Radtour zu machen. Zuerst sind wir in die Stadt zum Handmademarkt gedüst, also ein Markt, auf dem viele Designer aus Stadt und Landkreis ihre selbst entworfenen Dinge verkaufen. Allerdings überzeugte es uns nicht wirklich und wir waren dementsprechend flott durch.

Es war schon nach Mittag, als wir uns überlegten, eine weitere Runde zu drehen. Somit radelten wir zu meinen Eltern, die circa zehn Kilometer entfernt wohnen. Die staunten nicht schlecht, als wir auf einmal im Garten standen, so ganz ohne Voranmeldung und auch noch mit Fahrrädern.

Kurzer Schnack und eine Wasserflasche später haben wir uns auf den Rückweg begeben. Mein Männe war so nett und hat mich mit genau den richtigen Worten angespornt: „Wenn wir wieder zu Hause sind, gehen wir ein Eis essen.“

Berta und ich: EIS? Der hat gerade Eis gesagt … Nix wie los, zack zack, worauf warten wir noch? Na los, Bewegung, gleich gibt‘s EIS!

Am Ende des Tages haben wir gut zwanzig Kilometer runtergeradelt. Ich bin stolz wie Bolle und glücklich, dass ich doch was Sportliches beigetragen habe. Zwanzig Kilometer bergauf und bergab. Berta hat es wirklich abbekommen. Wäre es nach ihr gegangen, wären wir nach dem Markt nach Hause gefahren und hätten uns aufs Sofa gefläzt, oder uns auf dem Balkon schön durchbrutzeln lassen. Aber ich habe mich durchgesetzt, und das war gut so. Ich fühlte mich an dem Abend richtig wohl.

Beim Thema Sport frage ich mich immer wieder, ob ich wirklich ein schlechtes Gewissen haben muss, wenn ich nichts gemacht habe. Ja, ich bezahle meinen Beitrag Monat für Monat im Studio. Ich war immer der Meinung, dass mich so etwas anspornen würde. Man bezahlt ja schließlich und will dafür etwas bekommen. Aber nein, das spornt mich nicht an.

Es gibt einfach Menschen, die sind zum Sport geboren und andere nicht. Wie zum Beispiel mein Männe. Ich habe eine gewaltige Hochachtung davor, dass er vier Abende die Woche zum Sport geht. Manchmal sogar am Samstag oder Sonntag in der Früh. Da liege ich noch im Bett und bekomme gerade so mit, dass er das Haus verlässt. Das kann auch schon mal sechs oder sieben Uhr sein, wenn er auf den Trichter kommt.

Gut, der Vorteil ist, es gibt dann morgens frische Brötchen, wenn er nach Hause kommt. Ich könnte das nicht. Wie gesagt, quäle ich mich ja schon die ein bis zwei Male abends nach der Arbeit dorthin.

Gibt es eine Art Sportler-Gen? Wenn das noch nicht untersucht wurde, sollte das mal gemacht werden. In den Foren lese ich immer wieder, dass einige Betroffene ziemlich fleißig sind. Auch gibt es welche, die schreiben, sie haben solche Schmerzen, dass sie nicht in der Lage sind, großartig Sport zu machen. Ich habe das Glück, mich sportlich betätigen zu können. Nur habe ich keine Lust dazu. Miese Kombi.

Allerdings laufe ich im Job viel und es ist körperlich so anstrengend, dass ich abends nicht mehr kann. Dann bin ich froh, mal nichts erledigen zu müssen.

Meine Mutter hat zu mir als Kind schon immer „Tamara das Kraftweib“ gesagt. Zierlich oder schwach bin ich bei weitem nicht und noch nie gewesen, auch ohne Sportstudio.

Zu meiner Berta habe ich noch ein kaputtes Knie, welches mich in den Bewegungen phasenweise stark einschränkt. Somit ist es sehr schmerzhaft auf den Geräten. Von ärztlicher Seite höre ich immer wieder: „Machen Sie Sport, am besten etwas mit fließenden Bewegungen, das ist gut für Ihr Knie.“

Meine Ernährungsberaterin sagt mir häufig: „Wenn Sie einmal die Woche zum Sport gehen, ich das gut. Zweimal ist sehr gut, dreimal ist spitze.“

Folglich würde einmal schon ausreichen.

Mein Fazit: Ich gehe zum Sport, wenn ich Lust habe und nicht irgendjemand meint, dass das ganz toll für mich sei. Meine Motivation ist meist von meinem Knie abhängig. Je weniger es schmerzt, desto mehr Lust habe ich auf Sport. Ich setze mich in diesem Punkt nicht mehr unter Druck, denn das bringt nichts außer Frustration und die kann ich nicht gebrauchen. Sollte Berta mal wieder demotiviert sein, hat sie auch keinen Spaß. Dann wird sie zickig und das macht sich bemerkbar, indem sie mehr Wasser einlagert, Beulen und blaue Flecken bekommt und stellenweise schmerzhaft ist.

Somit ist es eine ganz gute Entscheidung, dass ich auf mein Bauchgefühl höre und das mache, worauf *ich* Lust habe. Und wer weiß, wenn wir jetzt weiterhin regelmäßig unsere Radtouren starten, ist vielleicht auch mal ein Rennrad für mich drin. Das ist noch so ein Ziel von mir.

Morgen ist mein letzter Termin bei meiner Ernährungsberaterin. Das letzte Treffen fand vor drei Monaten statt. Ich bin jetzt schon gespannt, wie es wird.

27. Mai 2017

Der Termin bei meiner Ernährungsberaterin vor drei Tagen lief sehr gut. Klar, wäre es schön gewesen, wenn ich nach den knapp neun Monaten, die sie mich jetzt schon betreut, ein paar Kilos weniger auf der Waage gehabt hätte. Dem ist leider nicht so. Berta hängt so sehr an mir, dass sie mich einfach nicht verlassen will.

Meine Ernährungsberaterin und ich haben uns insgesamt sechs Mal gesehen. Es sind keine Kilos dauerhaft runter, aber sie hat mir trotzdem so unglaublich geholfen. Der Anreiz zur veganen Ernährung kam von ihr. Ohne sie hätte ich diesen Weg niemals eingeschlagen, weil ich das immer gleich mit Öko und Bio in Verbindung gebracht habe.

Mit meiner jetzigen Ernährungsweise geht es mir und Berta deutlich besser. Man könne, laut meiner Beraterin, diese Ernährungsform ein oder zweimal im Jahr als Kur machen. Das würde sich schon positiv auswirken.

Das tierische Eiweiß ist zwar für den menschlichen Körper wertvoller als das pflanzliche, weil man davon nicht so viel zu sich nehmen muss, um den Körper ausreichend zu versorgen, aber ich habe festgestellt, dass ich mit dem pflanzlichen Eiweiß besser zurechtkomme. Meine Ödeme sind kleiner geworden beziehungsweise zurückgegangen und ich habe deutlich weniger Wassereinlagerungen.

Den genauen Grund kann mir leider niemand erklären. Auch kein Arzt. Angeblich setze das pflanzliche Eiweiß die Lymphe nicht so zu wie das tierische. Ob das stimmt, weiß ich nicht.

Viele fragen mich, was ich denn nun esse außer Salat. Ich muss dann jedes Mal lachen, denn Salat ist jetzt nicht das, was jeden Tag auf den Tisch kommt. Es gibt so viele leckere Gerichte, die man einfach vegan kochen kann. Angefangen von Spaghetti Bolognese, gefüllte Paprika, Gemüsesuppe oder Zucchinipuffer mit Cranberrysauce. Das Einzige, worauf ich laut meiner Ernährungsberaterin achten muss, ist Vitamin B12. Wenn ich einmal im Monat Fisch esse, habe ich das wieder drin.

Ich habe mich damals ausführlich mit dem Verzicht auf tierisches Eiweiß auseinandergesetzt. Erst dann fing ich an. Wäre ich direkt losgestartet, wäre es wie immer nicht gut gegangen.

Ja, auch ich hatte einen fiesen Rückfall, aber das gehört dazu. Ich fing im letzten September damit an und bis zur Weihnachtszeit ging alles gut. Unter anderem auch, weil mein Männe mitgezogen hat und das ist für mich immer der größte Ansporn. So nach dem Motto: Was der kann, kann ich schon lange. Dann kam jedoch die Weihnachtszeit … Weihnachtsmärkte. Tadaaa … nicht bestanden, würde ich mal sagen.

Ich habe Wochen gebraucht, um wieder in die richtige Spur zu kommen. Ende März habe ich es in meiner Entstauungswoche im Krankenhaus geschafft, vollständig vegan zu leben. Seitdem ist es deutlich besser.

Es ist sehr beruhigend, eine Methode gefunden zu haben, bei der ich nichts zählen oder mein Essen in Punkte einteilen muss. Früher haben diese Diäten mein ganzes Denken eingenommen. Das Erste, an das ich morgens dachte, war: Wo bist du heute? Wann kannst du wo etwas essen? Wie gehst du Einladungen zu Veranstaltungen aus dem Weg, bei denen es etwas zu essen gibt?

Abends das Gleiche: Wo bin ich morgen? Habe ich heute zu viel gegessen? Mist, ich war nicht beim Sport.

Viele werden das Problem kennen.

Das Dilemma war eigentlich auch, dass ich oft zu wenig gegessen habe. Ja richtig, zu wenig. Denn, wenn man zu wenig isst, speichert der Körper alles ein, was er bekommt, um in dieser „Notzeit“ genug Energie für die Körperfunktionen zu haben, der sogenannte Hungerstoffwechsel. Isst man dann wieder etwas mehr, macht sich das sofort auf der Waage bemerkbar, weil der Körper immer noch fleißig für die nächste Notzeit einspeichert.

Ich habe gelernt, mehr auf meinen Körper zu achten und auf mein Körpergefühl zu hören. Darum einen ganz großen Dank an meine Ernährungsberaterin, die mich unterstützt und mir Mut gemacht hat!

29. Mai 2017

Es ist heute heiß … der bisher wärmste Tag des Jahres. Und ich *hasse* meine Kompri. Diejenigen, die auch eine tragen, wissen, was ich meine, wenn ich folgende Punkte aufzähle: Blasen an den Fingern vom Anziehen, Schürfstellen auf den Fingergelenken, morgens nach dem Anziehen das Bedürfnis zu duschen, weil man durch die Anstrengungen total verschwitzt ist. Ein Gefühl von extremer Enge, steifer Gang, Kompri rollt am Bauch nach unten, das T-Shirt wird eingeklemmt und es sieht aus, als hätte man noch mehr Hüftspeck. Ein Sonnenstrahl und es ist, als wäre man ein Atomkraftwerk, entweder eiskalte Füße oder Schweißfüße …

Ich glaube, weiteres muss ich nicht erwähnen. Das waren nur ein paar Punkte, damit sich Außenstehende in etwa vorstellen können, wie es uns geht.

Ja, zurück zum Thema. Heute ist der bisher heißeste Tag des Jahres. Das Thermometer zeigt zweiunddreißig Grad. Da ist morgens eine Entscheidung fällig: Lasse ich die Kompri ausnahmsweise weg?

Mein Problem ist, dass ich die Kompri an meinen freien Tagen tragen *muss*, da ich sie zum Arbeiten teilweise schon ausziehe, weil es einfach nicht geht.

Aber heute? Ich geh echt kaputt. Okay, Berta, komm, heute bekommst du von mir Hitzefrei. Allerdings nur unter drei Voraussetzungen: Mindestens drei bis vier Liter trinken, Beine hochlegen sowie ganz viel kühlen. Sonst wird das nichts mit uns zweien heute.

Das Gute ist, dass mir gestern ein Lymphtape angelegt wurde. So sind meine Beine nicht nur von unten bis oben schön bunt beklebt, mein Lymphsystem wird auch angeregt. Ich muss also nicht ein ganz so schlechtes Gewissen bezüglich der Kompri haben.

Das Lymphtape ist für mich eine große Hilfe. Durch die Foren weiß ich, dass viele andere Betroffene auch darauf schwören. Klar, gibt es welche, die sagen, dass nur die Kompri eine wirkliche Entlastung sei. Aber es gibt viele wie mich, die finden das Tape super. Ich kann mich damit freier bewegen, bin in der Lage, alle Bewegungen im Job einwandfrei auszuführen, ohne dass ich nach kurzer Zeit ausrasten könnte, weil mich die enge Kompri hindert.

Berta findet die Tapes ganz gut, weil sich merklich weniger Wasser einlagert und sich keine Ödeme bilden. An warmen Tagen merke ich besonders stark, wie sehr es mir hilft. Ich habe außerdem festgestellt, dass sie bei mir den gleichen Effekt wie die Kompri erzielen. Und damit sage ich jetzt nicht, dass ich die Kompri nicht trage!

Ich höre auf mein Gefühl. Je nachdem was anliegt und wie ich es in puncto Bewegung einschätzen kann. Weiß ich, dass es warm wird, ich im warmen Schaufenster oder auf dem Fußboden arbeiten muss, lasse ich mich tapen. Ansonsten ziehe ich die Kompri an.

Momentan sitze ich mit hochgelegten Beinen auf dem Balkon und schaue, was es Neues im Forum gibt. Viele fleißige Bienchen sind unterwegs. Ich komme mit dem Lesen der Beiträge gar nicht hinterher. Ich stelle immer wieder fest, dass es viele gibt, die auch das Lipödem haben, man dies als Außenstehender aber nie vermuten würde.

Diejenigen tragen Kleidergröße 36/38 und sind super sportlich. Andere wiederum können keinen Sport machen, weil Berta einfach zu stark fortgeschritten ist und jede

Bewegung schmerzt. Es gibt so viele unterschiedliche Stadien und Formen, das ist unglaublich.

Die schlanken Frauen zu sehen, ist für mich ein großer Ansporn, da man auch mit einer Berta im Schlepptau so einiges erzielen kann.

Ja gut, ich bin jetzt nicht die Sportskanone und werde das auch nie werden, aber vielleicht so ein bisschen? Es ist ja nicht so, dass ich faul zu Hause rumsitze, sondern immer in Bewegung bin. Nein, ich muss bestimmt kein schlechtes Gewissen haben, dass ich nicht dreimal die Woche in die Muckibude renne. Nein. Ich fahre mit dem Rad zur Arbeit, laufe dort den ganzen Tag über sieben Etagen rauf und runter und das nicht zu langsam. Schleppe mich ab und mache in meiner Freizeit, wenn möglich, alles mit dem Rad oder zu Fuß. Nein, ich muss kein schlechtes Gewissen haben.

Jetzt habe ich auch gelesen, dass sich einige Betroffene Wasser-Reha-Sport verschreiben lassen. Alles, was im Wasser stattfindet, sei sehr gut, um Berta in Schach zu halten. Der Wasserdruck massiere die Beine und erzeuge eine super Kompression. Mehr als die Lymphmassage oder die Kompri.

Ich nehme mir vor, mit meinem Doc zu sprechen, ob das für mich ebenfalls möglich wäre. Über die Öffnungszeiten eines Schwimmbades in meiner Nähe, das Rehasport anbietet, habe ich mich im Internet schon informiert. Die passen. Schwimmen ist eigentlich so gar nicht meins, da ich auf diese Fleischbeschauung überhaupt nicht abfahre.

Zusätzlich wäre da noch das Problem mit den Fischen. Ja, Fische. (Jetzt darf einmal kräftig gelacht werden.)

Ich weiß nicht, seit wann und woher ich das habe, denn früher als Kind sind wir immer an die Ostsee in den Urlaub gefahren. Seit ich denken kann. Und immer ab ins Wasser, egal wie tief, egal, ob ich den Boden sehen oder stehen konnte, Quallen im Meer waren oder sonst was.

Aber irgendwann war das vorbei. Wenn ich jetzt ins Meer gehe, dann nur so weit, wie ich stehen und auf den Meeresgrund gucken kann, damit ich weiß, was um mich herum passiert. Und gaaanz wichtig: NIEMALS ALLEINE! Es muss immer einer mit, der schreien kann, wenn ein Hai kommt.

Und so ist das auch im Schwimmbad. Ja, Schwimmbad. Halte ich mich am Beckenrand auf und weiß, dass ich im Wasser nicht stehen kann, spüre ich schon das Kribbeln in den Beinen. Sehe ich die schwarzen Streifen für die Abtrennung der Bahnen, erneutes Kribbeln. Es könnte ja sein, dass da gleich der Hai rauskommt. Im Wellenband bitte nur die ersten Meter ins Wasser, denn hinter den Gittern, wo die Wellen erzeugt werden, wartet der Hai. Und so geht das weiter.

Bin ich im Becken und in meiner Nähe ist niemand, bekomme ich Panik. Ist der Boden zu dunkel gestrichen, bekomme ich Panik. Fragt man mich, woher ich das habe: KEINE AHNUNG!

Es wäre also die nächste Herausforderung, mich so einem Reha-Kurs anzuschließen. Aber warum nicht? Berta ist auch eine Herausforderung, und die habe ich angenommen. Warum dann also nicht schwimmen? Ich werde dort nicht alleine im Becken sein und man kann definitiv stehen.

Fazit: Ein Versuch ist es wert. Mein neues Lebensmotto: Springe über deinen Schatten und teste dich aus. Das Leben ist zu kurz, um immer nur in der Komfortzone zu bleiben. Puh, hört sich das motiviert an. Wenn Berta das mitbekommt …

01. Juni 2017

Anfang Juni, das Wetter ist fantastisch und ich habe wieder eine meiner Krisen. Zwei Tage, in denen ich nicht mehr wollte. Es ist nicht nur eine Träne geflossen. Es war ein ganzer Bach, nein, ein Ozean. Zwei Tage, in denen ich alles hätte hinschmeißen können.

Ich war bei meiner Familie, abends wurde gegrillt. Ich war eigentlich vorbereitet. Ich habe mir meine veganen Varianten mitgenommen und meine Mutter war so lieb und hat einen Salat gemacht, den ich auch essen konnte.

Es war fast unmöglich, dass was schiefging. Fast.

Und dann saßen wir da. Es war eine gemütliche Runde, draußen war es ziemlich warm, alle waren gut drauf. Bei meinen Eltern auf der Terrasse steht ein großer Tisch mit zwei riesigen Bänken, sodass locker zehn Personen Platz hätten.

An dem Tag waren wir aber zwölf Leute und so habe ich mich auf einen der beiden Stühle gesetzt, die wir dazu gestellt hatten. Ist ja nichts dabei. Dann habe ich den Fehler gemacht und meine Beine mit den anderen verglichen. Nur geguckt, ganz unauffällig. Und dann war es vorbei.

ICH BIN DOPPELT SO FETT WIE DIE ANDEREN. Ich passe ja kaum auf den Stuhl. Der Abend war gelaufen. Ich musste beim Essen krampfhaft versuchen, meine Tränen zu unterdrücken. Warum muss ich so fett sein? Warum muss ich diese durchweg beschissenen Beine haben?

Ich habe mich zusammengerissen, ruhig mitgegessen und noch eine halbe Stunde gewartet, um mich danach auf den Heimweg zu machen. Im Auto konnte ich dann nicht mehr. Es brach aus mir raus. Ich war kurz am Überlegen, ob ich an die Seite fahre, da ich vor lauter Tränen nichts mehr sehen konnte. Ein winziger Gedanke war, einfach auf das Gaspedal zu drücken und die Augen zu schließen. Aber diese Überlegung verdrängte ich sofort und bin weitergefahren. Ich habe einmal laut geschrien und musste mich irgendwie beruhigen. Wenn man mit dem Auto durch die Stadt fährt, sehen einen ja auch die anderen Autofahrer, und wenn man so dermaßen verheult am Steuer sitzt, kommt das bestimmt nicht gut.

Also sagte ich zu mir: Uschi, reiß dich am Riemen.

Es fiel mir wirklich schwer. Ich konnte gar nicht aufhören zu weinen. Endlich kam ich zu Hause an. Auto auf den Hof gestellt, noch dreimal tief durchgeatmet und hoch in die dritte Etage in unsere Wohnung.

Dort saß mein Männe und merkte sofort, dass etwas nicht stimmte. Ich wollte ihm den Grund nicht sagen, denn er muss sich das immer und immer wieder anhören und es ist mir mittlerweile echt peinlich. Aber wie gesagt, er hat sofort gemerkt, dass etwas im Busch war. Also fing ich einfach wieder an zu weinen.

Nach langer Zeit wurde er dann, nachvollziehbar, etwas sauer. Ich saß ja schließlich heulend auf dem Sofa und er wusste nicht warum. Ich konnte nichts sagen. Irgendwann haben wir uns zum Schlafengehen fertig gemacht. Wir mussten am nächsten Tag beide früh aufstehen.

Dann brach es doch aus mir raus, weil ich mich überhaupt nicht beruhigen konnte. „ICH PASSE AUF KEINEN STUHL MEHR UND WERDE IMMER FETTER." Da war es, ich habe es ausgesprochen. Das machte es etwas besser, aber nicht gut.

Mein Männe antwortete daraufhin, dass wir jetzt alles tun müssen, damit ich meine OP erhalte. Das ist wirklich lieb gemeint, aber die Lösung ist das nicht.

Es gibt keine Garantie, dass es dann gut ist und auch bleibt. Ich musste mich einfach zusammenreißen.

Die Nacht war kurz und am Morgen sah ich aus, als hätte ich am Abend zu viel getrunken. Jetzt ging es wieder los wie jeden Morgen. Anziehen, Gesichtsrestauration, obwohl ich sagen muss, dass ich für meine dreiunddreißig Jahre noch recht frisch aussehe, und ab aufs Rad zur Arbeit.

Und sobald die Haustür aufgeht: Tadaaa, die Manege ist geöffnet und wir sind immer gut drauf. So hat niemand an diesem Tag mitbekommen, wie es mir wirklich ging. Das mache ich im Grunde jeden Tag so.

Nein, es geht mir nicht jeden Tag so schlecht und es sind immer Phasen, aber mein Manegenprinzip, wie ich es nenne, funktioniert ganz gut. Von denen, die wissen, dass ich Berta habe, höre ich häufig, wie toll ich damit umgehe und wie positiv ich doch sei. Ja. In der Manege mag das sein, mein Männe kann da allerdings ein ganz anderes Lied von singen.

Ich frage mich immer wieder, wie er das mit mir aushält. Ich bin ja eh schon nicht einfach. Ich weiß, was ich will, was ich nicht will und zieh mein Ding durch. Der hat eigentlich einen großen Orden verdient. Da sollte ich mir mal was überlegen …

Nun gut, zweiter Tag beziehungsweise Abend war auch nicht besser. Immer noch absolute Tiefstimmung. Das gute Wetter der letzten Tage sollte eigentlich ein Anlass sein, die Stimmung anzuheben. Eigentlich wäre das richtig.

Sobald die Sonne um die Ecke kommt, bin ich die Erste, die nach draußen will. Seit dem letzten Jahr, in dem ich meine Kompri bekommen habe, ist das nicht mehr so. Gerade bei diesem warmen Wetter ist es wichtig, die Kompri zu tragen. Jeder kennt das. Wenn es warm ist, dehnt sich alles aus. So auch das Gewebe im Körper.

Selbst bei gesunden Menschen kommt es dann vor, dass vermehrt Wasser eingelagert wird, da mehr Platz im Gewebe vorhanden ist. Bei den meisten hilft das Trinken von genügend Wasser, um den Körper vom überschüssigen Wasser durchzuspülen. Hört sich irgendwie komisch an, oder? Wasser wird eingelagert und man soll dann auch noch viel trinken? Jup, genau.

Viel Wasser heißt, viel Wasser wegbringen. Und bei uns Betroffenen ist es wichtig, die Kompri zu tragen, damit sich das kranke Gewebe nicht noch mehr ausdehnen kann. Bei diesem Wetter, wir sprechen ab fünfundzwanzig Grad aufwärts, ist es eine Tortur.

Mit Jeans ist es eh schon so warm und dann diese dicke enge Hose darunter. Man kann es sich so vorstellen, als trüge man eine Gummihose.

Dadurch, dass ich mir zwischenzeitlich immer wieder Tapes kleben lasse, die zusätzlich den Lymphfluss anregen, gönne ich mir Kompri freie Tage. Aber immer mit schlechtem Gewissen, häufig hochgelagerten Beinen und viel Bewegung wie Radfahren. Das hilft mir. Gerade nach einer längeren Radtour bemerke ich, dass dies mir unheimlich guttut.

Wie gesagt, es ist nicht bei jeder Betroffenen so. Das ist das Tückische an dieser Krankheit. Jede empfindet sie anders, jeder hilft etwas anderes besonders gut. Jede geht mit Wärme und Kälte anders um und hat ihre eigenen Hilfsmittelchen.

Man muss es austesten. Es gibt leider keine pauschalen Richtlinien.

05. Juni 2017

Kennt ihr diese Vorfreude auf den anstehenden Urlaub? In sechs Wochen liegen wir bereits am Strand. Ähm ja, wohl eher sitzen, weil ich mich mit meiner Berta garantiert nicht im Bikini oder Badeanzug an den Strand lege. Es geht für eine Woche an die Ostsee. Mitten im Sommer ans Meer. Was gibt es Schöneres?

Über einige Dinge mache mir schon einen Kopf. Eine Woche keine Lymphmassage und am Strand meine Kompri tragen, kommt nicht in Frage, denn dann könnte ich genauso gut zu Hause bleiben. Aber Uschi ist ja nicht doof und hat schon vorgesorgt: Ich habe bereits eine Praxis zum Lymphen gefunden und zwei Termine zur Massage festgelegt.

Die muss ich zwar dieses Mal selbst bezahlen, weil ich für zwei Termine kein Rezept bekomme, aber egal. Hauptsache ich kann die Massagen wahrnehmen und gelassen in den Urlaub fahren. Da ich die Kompri nicht anziehen will, ist nun die Frage, ob ich mir Tapes kleben lasse.

Wird nur etwas komisch aussehen, wenn ich am Strand mit knallbunten Beinen rumlaufe. Mal gucken, darüber mache ich mir kurz vorher Gedanken.

Vorerst müsste ich meine Haremshosen anprobieren, um zu prüfen, ob die noch passen. Wenn nicht, weiß ich, dass ich seit dem letzten Sommer definitiv zugenommen habe. Ich mache das aber erst, wenn ich mein Tief überwunden habe, sonst bin ich ganz schnell wieder drin.

So wie die letzten Tage. Heute ist meine Stimmung in Bezug auf Berta halbwegs gut. Ich habe die letzten Tage einfach gar nicht mit ihr gesprochen. Konnte ich nicht.

Ich ließ sie tapen, habe mit meinem Männe eine große Radtour gemacht und mehr wollte ich nicht von Berta wissen. Die hat mich einfach zu sehr geärgert und runtergezogen.

So langsam bin ich auf dem Weg der Besserung, da kann ich nichts gebrauchen, was mich erneut runterzieht. Also müssen die Haremshosen noch warten. Im Sommer trage ich die super gerne, denn damit muss ich kein Bein zeigen und habe trotzdem angenehm luftige Bekleidung an. Darüber ein Top oder engeres Shirt und fertig. Die Flip-Flops natürlich nicht vergessen.

Mit Jeans braucht man Berta und mir in unserer Freizeit nicht kommen und mit Röcken auf keinen Fall. Die stehen uns einfach nicht.

Im Urlaub könnte es sogar sein, dass ich mich bis zu den Knien ins Wasser traue. Das Thema Fische hatten wir ja schon und eigentlich ist es recht unwahrscheinlich, dass ich an der Ostsee jemanden kenne, der dann komisch gucken könnte. Bei Fremden sind mir die Blicke zwar unangenehm, aber wenn ich die Personen kenne, ist es viel schlimmer und zudem auch peinlich. Noch ein Grund, warum ich bei uns in der Umgebung niemals schwimmen gehen, geschweige denn das Freibad aufsuchen würde.

Früher war der Pool bei meinen Eltern schon eine Herausforderung. Ich bin froh, dass der heute nicht mehr aufgemacht wird und ich nicht erklären müsste, warum ich nicht schwimmen gehe. Wenn es wirklich heiß wird, halte ich meine Füße in eine Wanne mit kaltem Wasser und mache es mir auf dem Balkon gemütlich. Herrlich!

Ja und im Urlaub kommt es drauf an, wie wohl und zufrieden ich mich fühle. Entweder traue ich mich mit Badeklamotten ein Stück ins Wasser, oder die Hose bleibt an und wird bis zu den Knien hochgezogen, um dann ein paar Schritte ins Meer zu gehen. Dabei darf ich mir immer anhören: Ach so schlimm ist das doch gar nicht! So dick bist du doch nicht!

Es mag jetzt blöd klingen, aber der Satz: „So dick bist du doch nicht!“ klingt scheiße. Ja, *so* dick nicht, aber dick. Punkt. Und darum entscheide ich selbst, wo und wann ich mich in Badeklamotten zeige. Ich würde gerne viel öfter schwimmen gehen, weil es mir guttut. Doch die Probleme Berta und Fische sind nun mal da.

10. Juni 2017

Ist das ein genialer Sommerstart! Das Wetter ist bis auf ein paar Tage immer noch perfekt. Sonne, Sonne und nochmals Sonne. Ich habe mir neulich im Internet einige Berichte angesehen.

Da die Ärzte sich leider nur wenig mit Lipödem auskennen und es sehr schwierig ist, jemanden zu finden, der einem alle Fragen beantworten kann, muss man ziemlich viel Eigeninitiative zeigen.

Auf einigen Plattformen kann man sich über Themen wie „Woher kommt das Lipödem?“, „Therapie“ und „Liposuktion“ informieren und auch die ständige Frage, ob dies irgendwann eine Kassenleistung sein wird, wird immer wieder behandelt.

Die Chance einer Zusage für Kostenübernahme von den Krankenkassen ist sehr minimal. Eine Klage dauert sehr lange, bis die durch ist, oft Jahre. Viele zahlen daher selbst und nehmen Kredite auf.

Die Betroffenen und ich hoffen inständig darauf, dass die Liposuktion irgendwann in den Leistungskatalog der

Krankenkassen aufgenommen wird. Das würde vielen ein erträglicheres Leben verschaffen.

Viele Fragen drehen sich um das Thema Ernährung. Es gibt viele unterschiedliche Meinungen. Mal viel Eiweiß, mal wenig, mal Low Carb und auf der nächsten Seite wieder Intervallfasten.

Es gibt allerdings eine Aussage, über die sich alle einig sind: Es gibt nicht DIE DIÄT für Lipödem. Die einen kommen gut mit Low Carb zurecht, die nächsten mit veganer Ernährung, die anderen essen drei Mahlzeiten am Tag und wieder andere fünf. Jeder muss für sich seine Ernährungsweise rausfinden, mit der das Leben mit Berta erträglich wird. Und diese Ernährungsweisen sind so unterschiedlich wie auch bei Menschen ohne Lipödem.

Die Frage, die mich schon lange brennend interessiert, ist, ob es wirklich sichergestellt ist, dass eine gut gemachte Operation das Lipödem vollständig und auf Dauer entfernen kann oder es sogar möglich ist, dass es an anderen Stellen wiederkommen könnte. Wie gesagt entfernen, nicht heilen. Dass es nicht heilbar ist, weiß ich ja.

Die Antwort, die ich von einem Spezialisten dazu gefunden habe: Wenn die OP an den Beinen erfolgt sei und man das kranke Fettgewebe abgesaugt habe, komme es dort nicht nach. Wenn man daraufhin an den Beinen dicker werde, sei es das gesunde Fett, das man durch Abnehmen wieder normal verlieren könne.

Dass die Arme nach so einer OP dicker werden können, liege oft daran, dass so ein Eingriff ein großes Stresslevel für den Körper sei. Und Stress könne Schübe des Lipödems verursachen. Da das kranke Fett an den Beinen aber weg sei, könne es nun an den Armen auftreten.

Darum empfehlen die meisten Ärzte, Beine UND Arme operieren zu lassen. Dann sei das meiste kranke Gewebe weg. Eine 100%ige Garantie, dass jede kranke Fettzelle erwischt wird, die gibt es auch hierbei nicht. Das ist einfach Fakt.

Danach war ich eigentlich sehr positiv gestimmt und wieder am Überlegen, es doch durchführen zu lassen. Ja, ich habe das nötige Kleingeld von knapp fünfzehntausend Euro nicht, aber gut.

In den Foren habe ich dann gefragt, ob ich das alles so richtig verstanden hätte. Die Meinungen waren sehr unterschiedlich. Die einen stimmten mir zu, die anderen meinten es sei falsch. Das Lip könne sich auch am Bauch und Rücken breitmachen.

Diese Informationen habe ich bei weiteren Recherchen im Forum und auf einer Internetseite gefunden. Demnach ist es so, dass bei einer OP versucht werde, alle kranken Fettzellen innerhalb des OP-Bereiches zu entfernen, einem aber niemand eine Garantie geben könne, dass wirklich alle kranken Zellen erwischt werden.

Also bin ich wieder nicht weiter. Und so lange ich mir nicht sicher sein kann, dass es am Bauch und Rücken nicht auftreten wird, bin ich zu schissig, um mich auf den Tisch zu legen. Dafür sind Bauch und Rücken zu flach, um das aufs Spiel zu setzen. Ja, es geht flacher und schöner, aber ich find mich so okay wie ich bin. Zumal ich doch sagen muss, dass ich auch hier in den letzten Monaten zugelegt habe.

Mein Fazit: Ich bin nicht weiter als vorher. Vielleicht sollte ich mir einen Termin bei einem Chirurgen geben und checken lassen, wie es bei mir aussehen würde. Aber alles in Ruhe. Gerade bei so einer Entscheidung für oder gegen eine OP muss man sich vorher gut informieren. Das ist keine Entscheidung, die mal eben zwischendurch getroffen wird.

13. Juni 2017

Was für eine Nacht. Heute bin ich schweißgebadet aufgewacht. Warum? Ich habe geträumt, dass ich auf dem OP-Tisch liege und meine Liposuktion habe. Und es war, als hätte mein Körper mir dringend davon abgeraten. Es fühlte sich an, als wäre dies die schlechteste Entscheidung meines Lebens gewesen.

Es wundert mich nicht, dass ich schon von der OP träume, da ich mich mit diesem Thema in den letzten Tagen massiv beschäftigt habe. Ich mache jeden Abend nichts anderes, als mich zu informieren.

Die unterschiedlichen Meinungen in den Foren verunsichern mich stark. Der eine sagt, danach brauche man weder Kompri noch Lymphmassage. Wasseransammlungen in den Lymphen und blaue Flecken seien dann Geschichte. Der andere meint, dass es mit Pech eben doch wiederkomme. Wasser könne sich trotzdem ansammeln und die Kompri solle man weiterhin tragen, um nichts zu riskieren.

Man weiß also nicht, was man glauben soll. Ich denke, die meisten, die sich operieren lassen wollen, entscheiden nach Bauchgefühl. Wie der Arzt auf sie wirkt, der ihnen gegenübersitzt.

Das Vertrauen zum Arzt ist also sehr wichtig. Ich habe mich heute mit meiner Physio darüber unterhalten. Sie hat mir noch einmal aufgezählt, was ich alles machen kann, um einer Vermehrung des kranken Gewebes entgegenzuwirken. Gesunde Ernährung, viel Bewegung, Radfahren, Fazienrolle (Das ist eine Rolle mit glatter oder strukturierter Oberfläche, für die es bestimmte Übungen gibt. Die Lockerung des Gewebes steht dabei im Vordergrund.) Lymphmassage, Entstauungswochen, Kompri und Lymphtapes.

Beim Aufzählen waren wir beide erstaunt, wie viel das alles ist. Sie hat mir klargemacht, dass ich wirklich alles dafür tue, mein Stadium zu halten, beziehungsweise minimal zu verbessern. Das zusammen mit meinem Alptraum lässt mich heute zu dem Schluss kommen, dass ich es mit meiner Berta noch ganz gut habe und ich ihr schon zeige, wo der Hammer hängt. Sie kann sich eben nicht alles erlauben.

Ich will nicht sagen, dass ich mich niemals operieren lasse. Ich glaube, das kann ich noch gar nicht einschätzen.

Wenn sich Berta mit der Zeit doch vermehren sollte, ich mich weiter unwohl fühle und irgendwann die Schmerzen vermehrt einsetzen, möchte ich vielleicht diesen Schritt wagen.

Bis dahin kann ich schon mal anfangen zu sparen, um für den Fall der Fälle das nötige Kleingeld von zigtausend Euro zu haben. Einen Termin bei einem Arzt werde ich mir aber geben lassen, um mich über diese ganze Thematik aufklären zu lassen. Ich bin der Meinung, dass man alle Informationen sammeln muss, um abwägen zu können.

Ein Thema, das häufig in Foren und in Gesprächen mit anderen Betroffenen auftaucht, ist der Schmerz. Es wird immer wieder gesagt, dass man bei Lipödem druck- und schmerzempfindlich ist. Es gibt Betroffene, die leiden so sehr unter den Schmerzen, dass sie Schmerzmittel nehmen müssen und teilweise nicht arbeiten können.

Ich habe diese Symptome bisher zum Glück kaum gehabt, doch seit geraumer Zeit habe ich immer mehr Schmerzen. Ich wusste zunächst nicht, dass es die Lipschmerzen sind, und dachte nur, ich hätte Muskelkater oder meine Sehnen und Nerven wären überreizt. Jetzt weiß ich, dass das Lipödem die Schmerzen auslöst. Es ist, als zöge mir jemand alle Nerven und Sehnen unter der Haut zusammen. Eine Art Krampf oder kurzer Muskelkater. Und es wird immer schlimmer. Vor allem in den Schienbeinen und Armen. Ich habe Angst, dass die Schmerzen irgendwann so stark sind, dass ich Schmerzmittel nehmen muss oder ich deshalb nicht arbeiten gehen kann.

Aber wie genau entstehen diese Schmerzen? Bisher konnte mir das leider kein Arzt sagen. Ich werde diese Frage auf jeden Fall in der Hoffnung weiterverfolgen, dass ich irgendwann in diesem Universum einen Facharzt finde. Ich bleibe dran, ich gebe nicht auf, bis ich diesen Erfolg für mich habe.

24. Juni 2017

Mein Antrag auf eine Reha ist knapp sechs Wochen her und vor drei Tagen kam der Bescheid von der Rentenversicherung: Abgelehnt. Na toll. Das wäre ja auch zu schön gewesen, wenn das so einfach gewesen wäre. Berta, wir fahren nicht zusammen weg. Es tut mir leid.

Die Begründung ist der Knaller. Meine Erwerbsfähigkeit sei durch das Lipödem nicht gefährdet, beziehungsweise könne durch die Kur nicht verbessert werden. Demnach sei, nach deren Feststellung, eine Leistung zur medizinischen Rehabilitation durch die Rentenversicherung nicht erforderlich. Eine Fortsetzung der ambulanten fachärztlichen Behandlung sei ausreichend.

Puh, ich krieg mich nicht mehr ein! Ich bin jetzt schon deutlich eingeschränkter in meinem Job, weil mir die Arbeit im Fenster, wo es nun mal sehr warm ist, schwerer fällt als sonst. Wenn ich auf dem Fußboden arbeiten muss, komme ich zwar gut runter, aber immer schlechter wieder hoch. Mittags bekomme ich schwere Beine und mir bereitet es große Mühe, mein gewohntes Tempo beizubehalten.

Ich habe *deutliche* Einschränkungen in meinem Job. Und ganz klar: Wenn das so weitergeht, kann ich den nicht auf Dauer ausführen. Das stand auch so in meinem Antrag, aber wohl nicht klar genug.

Allerdings ist es bekannt, dass die meisten Reha-Anträge erst einmal abgelehnt werden. Jetzt muss ich mir überlegen, ob ich Widerspruch einlege. Meine Physio meinte, dass es noch eine andere Möglichkeit gebe. Und zwar, wenn ich das nächste Mal meine Entstauungswoche im Krankenhaus mache, ich direkt in die Reha als Weiterbehandlung fahren könne. Das sei ganz neu und die Reha sei nicht so weit weg, da diese bei uns im Landkreis liege.

Wenn das möglich ist, erspare ich mir das mit dem Widerspruch. Wozu Energie in Dinge setzen, die einfacher gehen? Immer versuchen, unnötigen Stress zu vermeiden!

27. Juni 2017

27. Juni, vier Uhr morgens … Ja, Berta, es ist vier Uhr und ich bin hellwach. Ich habe mich aufs Sofa verzogen, damit mein Männe in Ruhe weiterschlafen kann.

Zwei Stunden später und ich bin immer noch wach. Und es ist warm. Warum weiß ich das? Weil, jetzt um sechs Uhr morgens, nicht eine einzige Wolke den Himmel verdunkelt, und dann wird es meistens warm. Das Blöde daran, ich musste gestern Abend meine Tapes abmachen, weil die sich schon selbst ablösten. Und das wiederum heißt, dass ich heute die Kompri anziehen muss.

Im Sommer ohne geht leider nicht. Aber okay, auch das werde ich schaffen. Ist heute halt mal wieder Knast-Tag. Ich muss wirklich zugeben, Berta hat sich die letzten Tage zurückgehalten. Die hat wenig gemuckt und gezwickt. Ich habe zwar eine Schwellung bemerkt, doch bei weitem nicht so schlimm. Das Faszientraining, Tape und die Kompri mit Lymphmassage helfen einfach fantastisch.

Wo Berta sich leider nicht zusammengerissen hat, war beim Großfamilientreffen vor zwei Tagen. Wir haben uns mit der ganzen Familie getroffen, saßen draußen und haben ganz entspannt gegrillt. Großfamilie heißt mal eben einundzwanzig Erwachsene plus Kids. Darunter Onkel, Tante, Geschwister, Cousin, Cousine, Mama, Papa und die ganze Kinderschar. Aber total entspannt.

Jeder brachte was mit, ganz unkompliziert. Im Garten bei meiner Tante und meinem Onkel war ein großes Zelt aufgebaut, da das Wetter nicht mitgespielt hat. Das Zelt war eine super Lösung. Tische, Bänke und Stühle reingestellt und fertig.

Und da war dann mein Problem. Eigentlich ist es gar keins, aber für mich und Berta schon. Denn ich habe wieder einmal feststellen dürfen, dass Berta sich in meinem Hintern breitmacht, ohne dass ich es merke. Im Zelt standen links und rechts die Tische und dazu Bänke oder Stühle. Ich habe mich für den Stuhl zwischen Zeltinnenwand und Tisch entschieden, da sonst alle Plätze belegt waren. An sich kein Problem. Da der Fußboden allerdings der Rasen war, waren die Stühle nicht mal eben so hin und her schiebbar. Und somit quälte ich mich zwischen Stuhl und Tisch. Ich habe mich an diesem Tag nicht davon runterziehen lassen. Es hat mir deutlich gemacht, dass Berta wächst. Ich merke es unter anderem an Stühlen und Kinosesseln.

An den Hosen spüre ich es nicht unbedingt. Danke, dass der liebe Gott das Stretchmaterial erfunden hat … Aber Stühle und Sitze wachsen nicht mit, die sind erbarmungslos ehrlich. Und das ist sehr deprimierend und der Grund, warum mich der Gedanke an eine Operation immer wieder einholt. Ich habe mir immer gesagt: Wenn ich eine bestimmte Kilogrenze erreiche, ist Schluss. Ja, diese Kilogrenze kommt immer näher. Um es ganz deutlich zu sagen: Meine Grenze sind hundert Kilo auf der Waage. Das ist erschreckend viel, um genau zu sein fünfundzwanzig Kilo über meinem Normalgewicht. Und traurigerweise muss ich zugeben, dass ich nur noch zwei Kilo davon entfernt bin. Wenn überhaupt, denn ich habe mich seit ein paar Wochen nicht mehr auf die Waage getraut.

Ich merke auch so, dass ich definitiv nicht weniger, sondern eher mehr wiege. So, liebe Berta, nun wird es Zeit aufzustehen. Wir müssen gleich arbeiten, auch wenn wir die halbe Nacht wach waren, weil es einfach viel zu warm war. Es nützt nix, rein in die Restaurationsstube, ab in die Buxe und los aufs Rad.

30. Juni 2017

Mensch, wo ist denn jetzt der Sommer hin? Wir haben Ende Juni, die Sommerferien haben vor einer Woche angefangen und zack … wird das Wetter wieder schlechter. Aber will ich mich beschweren? Nein. Erstens habe ich ja eh keine Sommerferien, und zweitens findet Berta das kühlere Wetter auch besser als das warme.

Heute Morgen war ich bei meiner Lymphfee. Die letzten vierzehn Tage war meine Svenja auf Amerikareise und somit hat es die liebe Fee übernommen. Fee habe ich heute bezüglich meiner abgelehnten Reha angesprochen. Sie bestätigte mir, dass es bei uns mittlerweile die Möglichkeit gebe, nach der Entstauungswoche direkt drei Wochen in eine Reha hier in der Nähe zu gehen. Dies werde vom Krankenhaus organisiert und ich müsse den Weg über die Rentenversicherung nicht machen.

Also werde ich keinen Widerspruch gegen meine Ablehnung einreichen, denn die Nerven kann ich mir sparen. Somit warte ich, bis die neuen Entstauungs-Termine für Anfang 2018 festgelegt sind. Ich muss es nur schaffen, dass ich auf der Arbeit nicht dann fehle, wenn sehr viele Sachen aufeinandertreffen. Das muss ich meinen Kolleginnen ja nicht antuen, wenn ich es vermeiden kann. Warten wir also ab und planen dann ganz entspannt weiter.

Ich habe auf den letzten Seiten schon das ein oder andere Mal das Thema OP angesprochen. Und ja, man kann jetzt den Eindruck bekommen, dass ich nicht weiß, was ich will und das kann ich sogar verstehen. Aber ich habe mich entschieden, das Ganze doch einmal anzugehen.

Meine größten Befürchtungen sind und waren bisher, dass Berta wiederkommt, obwohl man sie vor die Tür gesetzt hat. Ja, Lipödem ist nicht heilbar. Und ja, es gibt keine hundert prozentige Sicherheit, dass bei der Liposuktion das kranke Fettgewebe komplett erwischt und rausgeholt wird.

Ich werde mich jetzt genauer mit den unterschiedlichen OP-Methoden auseinandersetzen.

Ein großes Thema werden die Kosten sein. Bekomme ich es nicht durch, dass die Krankenkasse die Operationen zahlt, muss ich das selbst zusammenkratzen. Ich meine, wir sprechen hier von circa zwanzig bis dreißigtausend Euro und nicht von fünfzehntausend, wie ich bisher angenommen hatte. Die Summe ergibt sich daraus, wo man sich operieren lässt und wie viele OPs man braucht. Und wenn ich mein Stadium mit anderen vergleiche und höre, was die so bezahlen, kalkuliere ich lieber höher als zu niedrig.

Aber okay, wenn ich mich nicht damit auseinandersetze, werde ich es nie wissen. Und bis zum Schluss kann ich immer noch nein sagen.

Der Grund für diese Meinungsänderung ist simpel. Ich bin psychisch am Ende. Ganz einfach. Ich tue und mache, aber merke keine Verbesserung. Ganz im Gegenteil. Meine Schmerzen werden immer mehr, die Reiterhosen werden größer, meine Kilogrenze ist erreicht. Also Feierabend. Ich sage Berta den größten Kampf an, den sie bekommen kann.

Was mich in meinem Umdenken noch bestärkt hat, war ein Gespräch mit Bine. Bine ist die liebe Lady, die mich vor sechs Jahren darauf hingewiesen hat, dass ich Lipödem habe. Damals hätte ich ihr an die Gurgel springen können.

Aber ohne Bine wüsste ich bis heute nicht, dass mich Berta begleitet, weil ich mich nie getraut hätte, mich näher damit zu beschäftigen, geschweige denn einen Arzt aufzusuchen.

Mit der lieben Bine habe ich mich getroffen und wir haben uns viel ausgetauscht. Sie hat mir von ihren Erfahrungen mit Berta erzählt, was sie für einen Weg eingeschlagen hat und dass sie die OP nicht bereut. Sie hat mich darin bestätigt, diesen Schritt zu wagen.

Bine hat es nicht schöngeredet, sondern die Fakten auf den Tisch gelegt. Dass es definitiv kein Zuckerschlecken werde und Berta eben auch wiederkommen könne. Aber, und da hat sie sowas von recht, man bekomme für ein paar Jahre ein erleichtertes Leben, mehr Lebensqualität.

Die Kompri müsse man eventuell tragen und weiterhin zum Lymphen gehen, das sei ganz unterschiedlich. Aber hey, das mache ich jetzt auch. Also ist das für mich kein Problem.

Es würden nur diese schweren Beine deutlich leichter werden sowie die Schmerzen verschwinden. Das Körpergefühl sei ganz anders, weil man müheloser durchs Leben gehe. Nach der OP und der Verheilungszeit sei alles viel angenehmer.

Es tat wirklich gut, mir ihr darüber zu sprechen, denn ich hatte das erste Mal das Gefühl, dass mich jemand wirklich versteht. Sie hat es schließlich durchgemacht.

Sie war so lieb und hat mir gezeigt, welche Unterlagen man benötigt und worauf man achten sollte, wenn man den Antrag auf Kostenübernahme bei der Krankenkasse stellen möchte. Da es leider immer noch nicht durch den G-BA ist, muss man kämpfen, kämpfen und nochmals kämpfen. (G-BA=Gemeinsamer Bundesausschuss. Dort wird entschieden, welche Leistungen in den Leistungskatalog der Krankenkassen aufgenommen werden.)

Es gab in einem Forum eine Befragung und einen Aufruf zu einer gemeinsamen Aktion, damit dem G-BA klar wird, wie wichtig eine solche OP für die Betroffenen ist. Ich habe mich gemeldet, um bei einer Foto- und/oder Videostrecke mitzumachen. Vielleicht habe ich so die Chance, mich aktiv dafür einzusetzen.

Nun gut. Heute Morgen habe ich mich ans Telefon gehängt und zwei gute Chirurgen, die sich auf Lipödem spezialisiert haben, angerufen, um einen Beratungstermin zu vereinbaren.

Bei dem ersten Chirurgen war eine wirklich sehr nette Dame am Telefon. Es wäre kein Problem gewesen, für August noch einen Termin zu bekommen.

Welch ein Wunder, mal keine Wartezeit bis irgendwann in 2018. Als die Dame mich aber fragte, in welcher Krankenkasse ich denn sei, musste sie mir mitteilen, dass ein Termin sinnlos sei, da meine Krankenkasse, zu der ich zum 01. August wechsle, diese Operationen nicht mehr genehmige.

Na toll. Ich wollte in eine größere Krankenkasse wechseln, damit die Leistungen besser werden. Und jetzt höre ich, dass sich gerade die großen beim Krankheitsbild Lipödem querstellen. Da habe ich wohl aufs falsche Pferd gesetzt.

Man muss dazu sagen, dass mir meine alte Krankenkasse auf Nachfrage mitteilte, dass diese Kosten niemals genehmigt werden würden. Also nix verloren, aber auch nix gewonnen.

Ich bin mit der Dame am Telefon so verblieben, dass ich mich wieder melden würde, wenn ich nochmal bei meiner Krankenkasse angefragt habe oder es in ein paar Monaten vielleicht durch den G-BA ist.

Ich hatte mir noch einen zweiten Chirurgen rausgesucht. Dort rief ich auch schnell an und wieder hatte ich eine wirklich sehr nette Dame am Telefon. Hier war es kein

Problem, einen Termin für ein Beratungsgespräch zu bekommen.

Die Dame kannte das Thema Krankcnkasse nur zu gut und meinte, dass man erst einmal den Termin machen soll und dann wisse man wirklich, was auf einen zukomme. Diesen Termin muss ich zwar mit fünfzig Euro selbst zahlen, doch das ist es mir wert.

So bekomme ich zumindest von einem Fachspezialisten gesagt, in welchem Stadium ich mich befinde und was man machen könnte. Zu meiner Überraschung habe ich einen frühzeitigen Termin vereinbaren können. Am 22. September in DIESEM Jahr. Ich war wirklich positiv gestimmt und habe mich sehr gefreut. Der Dame am Telefon fiel das auf und war eher erschrocken, dass es bei den meisten anderen Ärzten und Kliniken so viel länger dauert.

In zwölf Wochen werde ich meine erste große Hürde genommen haben. Ich muss dafür zwar in eine Großstadt fahren, aber egal. Wenn das der einzige Weg ist, dann nehme ich die paar Stunden Fahrzeit in Kauf.

Und wisst ihr was? Es geht mir gut mit diesem Gedanken.

Ich kann sogar sagen, dass ich mich jetzt schon wie Bolle auf diesen Termin freue. Ich werde das Ganze beim G-BA verstärkt mitverfolgen. Den Antrag bei der Kasse werde ich nach dem Beratungsgespräch ebenfalls einreichen und wenn es sein muss immer und immer wieder. Ich bin so fest davon überzeugt, dass jetzt der Zeitpunkt ist, sich damit auseinanderzusetzen und den nächsten Schritt zu tun.

01. Juli 2017

Ein wichtiger Termin ist bekannt gegeben worden. Am 20.07.2017 entscheidet der G-BA, ob die Liposuktion in den Leistungskatalog aufgenommen wird oder nicht.

Jetzt heißt es Daumen drücken. Denn sollte das nicht geschehen, dann werde es auch keine Einzelfallentscheidung bezüglich der Kostenübernahme mehr geben, so der letzte Stand.

Am Tag der Entscheidung werden wir im Urlaub sein, und im Urlaub lege ich das Handy üblicherweise ganz weit weg oder lasse es zu Hause. Diesmal werde ich es mitnehmen. Ich kann nicht drei Tage auf die Entscheidung warten. Sollte diese negativ ausfallen, werde ich den Antrag trotzdem bei der Krankenkasse einreichen. Man weiß ja nie, ob es nicht doch eine minimale Chance auf Kostenübernahme gibt. Vielleicht bin ich zu positiv gestimmt und zu gutgläubig, aber ich möchte mich später nicht darüber ärgern, dass ich nicht alles probiert haben könnte.

Jetzt fand ich auch heraus, dass ich vor der OP zum Amtsarzt gehen sollte. Denn wenn ich die OPs selbst zahlen muss und eine Bescheinigung vom Amtsarzt besitze, dass ich Lipödem habe und eine OP sinnvoll wäre, dann könnte ich die Kosten bei der Steuererklärung vielleicht absetzen.

Ein Anruf morgen früh und ich hoffe, dass ich im September einen Termin bekomme. Um der Krankenkasse die Entscheidung für oder gegen die Kostenübernahme zu erleichtern, untermauere ich meinen Antrag mit einigen Gutachten.

Da Berta nicht einfach nur an meinen Beinen klebt und mich breiter macht, sondern auch noch schwer ist, freuen sich meine eh schon kaputten Knie nicht sonderlich über diese Belastung. An meinem rechten Knie habe ich Chondropathie, das ist eine Beschädigung des Knorpels beziehungsweise Fehlen eines Teils des Knorpels, und dadurch rutscht die Kniescheibe bei Bewegung nicht so, wie es eigentlich normal ist. Das ist schmerzhaft. Berta setzt sich durch Masse und Wassereinlagerungen dann auch noch mit ins Knie.

Das mag das „DreamTeam“ aber nicht und fängt immer wieder an zu schmerzen. Somit werde ich bei meinem Orthopäden um ein Gutachten bitten. Ebenso reiche ich die

Gutachten vom Hausarzt, Phlebologen, vom Psychologen sowie meine eigene Stellungnahme ein. Des Weiteren werde ich eine Kostenaufstellung schreiben, die eine Gegenüberstellung beinhaltet, was ich der Krankenkasse auf Dauer koste, wenn keine OP stattfindet und was für Kosten anfallen, wenn ich diese durchführen lasse. Und um alles abzurunden, erhält die Krankenkasse eine Aufstellung darüber, was ich in den letzten zwei Jahren unternommen und welche Therapien ich gemacht habe. Und dann heißt es auch hier: Daumen drücken.

Für den Fall, dass die Kosten nicht übernommen werden, wovon man leider ausgehen muss, wird schon ein Plan B geschmiedet.

Denn meine Entscheidung steht fest: Ich mache diese OP! Klar, kommen mir zwischendurch immer wieder die Gedanken, ob das richtig ist, aber dann sehe ich mich im Spiegel und mir wird klar: Es ist die richtige Entscheidung. Der Weg wird nicht einfach, doch ich werde das schaffen.

Was für diesen Weg immens wichtig ist, so finde ich, ist die Unterstützung von meinem Männe und meiner Familie. Mit meinem Männe habe ich mich, wieder einmal, lange unterhalten. Er steht komplett hinter meiner Entscheidung. Wir haben auch das erste Mal darüber gesprochen, dass Berta unsere Beziehung nicht gerade einfach macht. Es belastet. Da braucht man sich nichts vormachen. Ja, es liegt an mir und meiner Einstellung. Dass ich immer deprimiert bin, weil einfach nichts funktioniert, was ich gegen Berta unternehme. Aber es belastet einfach die Beziehung.

Und wollen wir mal ehrlich sein: Ich möchte nicht, dass mein Männe irgendwann auf dem Sofa sitzt, zu mir rüber schaut und ihm klar wird, dass ich doppelt so breit bin wie er. Immerhin liegen schon gute fünfundzwanzig Kilo zwischen unserem Kennenlernen und heute. Und das möchte weder er noch ich.

Ja, ich weiß, jetzt gibt es wieder Menschen, die sagen: Ach, du als Person bist doch noch die gleiche und der wird dich deswegen nicht irgendwann verlassen.

Ja, es ist schön, dass es diese Einstellung gibt und ich sage das auch, aber jetzt mal ganz im Ernst: Wer ist davon überzeugt, wenn es um sich geht? Also ich nicht, weil ich mich nicht mehr mag. Meine Grenze ist definitiv erreicht und ich lasse nicht zu, dass Berta meinen Körper noch mehr einnimmt. In kleiner Dosis wird sie ja bleiben, aber eben nicht wie jetzt.

Das ist auch ein Thema, das ich gestern mit meinen Eltern besprochen habe. Sie wussten nicht, wie es wirklich in mir aussieht und dass ich die OP in Betracht ziehe. Es war ein langes und sehr emotionales Gespräch.

Es war mir wichtig und der richtige Zeitpunkt, alles zu erzählen. Nicht, dass jetzt der Eindruck entsteht, dass sie von nichts wussten. Nein, wir haben da schon öfter drüber gesprochen, allerdings noch nie so ausführlich in Bezug auf mich, wie es mir wirklich geht. Ich weiß, dass ich immer auf meine Familie zählen kann und das ist mir unheimlich wichtig.

Ich musste mir darüber klar werden, was ich will. Und ich habe diese Zeit gebraucht.

Ich habe meinen Vater selten so emotional gesehen. Es tat mir leid, dass ich die beiden nicht früher miteinbezogen habe und dass ich sie so geschockt habe.

Aber was haben die beiden gesagt: Egal was ist, du kannst mit unserer Unterstützung rechnen und wir stehen hinter dir und deiner Entscheidung. MEINE ELTERN!

Natürlich kam die berechtigte Frage auf, warum ich mich gerade jetzt für die OP entschieden habe. Meine Begründung war ganz einfach. Ich möchte mich wieder frei und ohne Schmerzen bewegen, meinen Job vernünftig ausüben, die Treppen auch bis in die dritte Etage durchlaufen, gemütlich in Sessel und Stühle passen und nicht das Risiko eingehen müssen, während oder nach einer eventuellen Schwangerschaft zu explodieren. Das bedurfte keiner weiteren Erklärung.

Mir fiel ein Stein vom Herzen, als das alles ausgesprochen war. An diesem Abend sind einige Tränen geflossen. Ob ich wollte oder nicht, die mussten raus. Meine Geschwister wissen es noch nicht, aber damit warte ich, bis ich im September meinen Besuch in der Großstadt hatte.

05. Juli 2017

Berta, so kann es doch nicht weitergehen! In den letzten Tagen war ich überhaupt nicht mehr ich. Das geht so nicht! Ich war nur traurig, schlecht gelaunt, hatte zu allem nein gesagt und zu nichts Lust. Berta zog mich so dermaßen runter, das kenne ich eigentlich nicht.

Im Job sage ich immer: Das Private hat nichts auf der Arbeit verloren. Das muss man trennen. Klar, geht das nicht immer hundertprozentig und jeder ist mal schlecht drauf. Aber es darf einen nicht beeinflussen, und die Arbeit nicht darunter leiden.

Leider habe ich diese Trennung nicht geschafft. Es ist das erste Mal, dass mir das passiert ist. Zum Glück ist es mir aufgefallen, BEVOR mich jemand darauf angesprochen hat. Natürlich wurde gefragt: „Oh Martina, ist heut auch nicht gut drauf, viel zu tun gerade, was?“, oder „Müssen wir noch etwas besprechen? Ist alles okay?“

Auch meine beiden Mädels in der Abteilung haben es irgendwann mitbekommen. Ich sei ja gar nicht mehr ich gewesen und habe wirklich zu allem nein gesagt.

Ja, das stimmt. Ist zum Glück nicht aus meiner Laune entstanden, sondern mehr aus dem Grund, dass sich die Prioritäten in unserem Abteilungsbereich geändert haben. Aber trotzdem hat meine Laune einen Teil dazu beigetragen. Das Gute ist, dass sie mir keinen Vorwurf gemacht haben.

Im Gegenteil, sie haben mich in Ruhe gelassen und abgewartet, was passiert. Das war für mich gut, denn ich habe gemerkt, dass das nicht richtig ist. An einem Abend habe ich folgenden Spruch gefunden, der mich wieder motiviert hat: „Wenn Löwenzahn einen Weg durch den Asphalt findet, dann wirst du jawohl auch einen Weg finden.“

Als ich diesen Spruch las, gab es einen Umschwung in mir: Du packst das, krieg den Hintern hoch, Berta kann dir mal den Buckel runterrutschen, hau rein.

Am nächsten Morgen bin ich mit diesem und ein paar weiteren Motivationssprüchen zur Arbeit und habe mich bei meinen Mädels entschuldigt. Entschuldigt dafür, dass ich nicht ich war, dafür, dass ich die Arbeit habe schleifen lassen und dass ich völlig neben mir stand. Ab heute würde wieder alles besser werden. Und so war es auch. Die beiden haben es mir nicht übelgenommen und ich fand es toll, dass sie hinter mir standen und mir den Rücken freihielten.

Seit dieser Entschuldigung und meinem Willen, dass es bergauf geht, bin ich erfüllt von neuer Energie.

Nein, es sind nicht alle Probleme verschwunden und nein, es ist nicht alles toll. Das, was wieder funktioniert, ist mein Manegenprinzip. Außen hui, innen pfui.

09. Juli 2017

Was hilft, den Kopf so richtig freizubekommen? Richtig! Ein Tag am Meer. Mit Berta ans Meer ist nicht *das* Schönste und Beste, was man sich vorstellen kann. Kompri trage ich definitiv nicht, Tapes sehen scheiße aus. Also weder das eine noch das andere, ich will schließlich einen *schönen* Tag haben und mich nicht quälen.

Gestern war der 08. Juli und wir waren das erste Mal mit der ganzen Familie, sprich acht Erwachsene und drei Kinder, am Meer. Das war wie früher. Zwei Strandkörbe, eine Strandmuschel, Beachball, Drachenfliegen, Wattwanderung, Sandburg bauen, Muscheln sammeln und vieles mehr. Zum Glück war es nicht zu warm, sodass es mit der Jeanshose kein Problem war und Berta auch nicht wieder Wasser in den Beinen gesammelt hatte. Endlich konnte ich mal für einen Tag alle Sorgen und Nöte vergessen und den Moment einfach nur genießen. Es war zwar nur dieser eine Tag, aber mich entspannt es sofort, wenn ich das Wasser rieche.

Ja, riechen. Das Meer hat einen einzigartigen Duft. Manch einer sagt, es stinke, ich finde es riecht. Nach

Sommer, Sonne, Strand und Glück. Und alleine dieser Geruch macht mich glücklich. Die Seele baumeln lassen und abschalten. Umso mehr freue ich mich, dass wir in sechs Tagen für eine ganze Woche an die Ostsee fahren.

Nur wir zwei, mein Männe und ich.

11. Juli 2017

Berta, ich hasse dich. Warum tust du mir das an? Sie quält mich in diesen Tagen nochmal so richtig. Ich will mich auf den bevorstehenden Urlaub freuen, und die Lady meint, sie müsse querschießen. Ihr gefällt es scheinbar nicht, dass ich nicht mehr ganz so auf meine vegane Ernährung achte. Ich habe meine Ernährung wieder etwas *normalisiert*, da ich mich beim Abschlussgespräch mit meiner Ernährungsberaterin dafür entschieden hatte, nur ein- oder zweimal im Jahr eine vegane Zeit einzulegen. Denn auch wenn es mir damit sehr gut ging, ist es auf Dauer anstrengend. Man bekommt nicht überall alle Lebensmittel und auswärts zu essen ist nicht einfach. Darum werde ich es als eine Art Kur machen.

Die Quittung dafür: Viel Wasser in den Beinen und schmerzende Bereiche, wo sich die Ödeme ordentlich bilden. Da hilft die Kompri nur kurz und die Lymphmassage kommt auch nicht dagegen an.

Das einzig Gute daran ist, dass ich den extremen Unterschied merke, der sich durch falsche Ernährung ergibt. Dass dieser mittlerweile so extrem ist, hätte ich nicht gedacht.

Nun heißt es für mich, sich trotzdem nicht unterkriegen zu lassen, damit ich den Urlaub noch genießen kann. Ein Badeurlaub wird es sowieso nicht, dafür spielt das Wetter gerade nicht mit.

Ich werde versuchen, den Kopf auszuschalten und mir nicht Gedanken darüber zu machen, was andere am Strand wohl von mir denken, ob mich jemand begutachtet oder jemand hinter meinem Rücken auf Berta guckt und anfängt zu tuscheln.

Alles schon passiert, aber bitte nicht in diesem Urlaub. Damit ich nicht ganze zwei Wochen ohne Lymphmassage dastehe, hatte ich mir ja im Voraus Termine in einer Physio-Praxis im Urlaubsort gebucht, die ich selbst zahlen werde. So weiß ich zumindest, dass ich etwas tue, wenn ich nicht wie gewohnt zu Hause bin.

Das viele Laufen am Wasser wird mir guttun. Das kühlt die Beine und Bewegung ist immer gut. Ich hoffe einfach das Beste.

Gestern war das Gespräch bei einer Psychologin. Dies war nötig, um ein Gutachten für den Antrag der Liposuktion bei der Krankenkasse zu stellen. In den Foren gibt es dazu unterschiedliche Meinungen. Einige sind der Auffassung, dass das eh nichts bringe. Andere wiederum sagen, dass es auf jeden Fall zu einem Antrag auf Kostenübernahme dazu gehöre, damit klargestellt werde, dass die Betroffenen sehr darunter leiden.

Dieser Meinung bin ich auch. Ich werde ebenfalls meine eigene Stellungnahme verfassen, aber ich denke, dass ein Gutachten durch einen Psychologen das nochmal untermauert. Und vielleicht ist es gar nicht verkehrt, mit jemandem darüber zu reden, der neutral ist. Der weder mich noch meine Geschichte kennt. Warum also nicht den Versuch wagen?

Man traut sich in der heutigen Gesellschaft nicht zu sagen, dass man zu einem Psychologen geht. Der Stempel ist schnell da: Bist du bekloppt und schizophren? Nein, das hat damit nichts zu tun. Jeder muss das für sich selbst entscheiden.

Leider bekommt man aus seinem Umfeld nicht immer nur Unterstützung. Man mag es nicht jedem auf die Nase binden, bekommt von denen, die es nicht wissen, Blicke, die genau verraten, was der Gegenüber denkt. Nämlich: Du bist zu dick, immer schlecht drauf und unsportlich.

Aber wie es wirklich ist, das wissen kaum welche. Und auch wenn man erklärt, dass man eine Berta hat, hilft es nicht viel, weil eben keiner was damit anzufangen weiß. Und genau da ist eine neutrale Person ganz hilfreich. Und für mich eben dieses Buch. Nur so kann man es anderen verständlich machen und versuchen zu erklären.

Bei einem Psychologen bekommt man nicht Mitleid, sondern Motivation und eine andere Blick- und Denkweise auf die eigene Situation. Die Umstände an sich können wir nur bedingt ändern. Unsere Einstellung dazu, an der können wir arbeiten!

Ich höre schon die ersten meckern, die das lesen: Wie jetzt, die weiß doch selbst nicht, was sie will! Erst keine OP, dann doch eine OP, und jetzt wird alles gut, wenn die ihre Einstellung ändert?

Ja, ich weiß, das klingt nach einmal hü und einmal hott. Aber es ist mein Weg damit umzugehen. Ich habe schon so viel probiert, gemacht und getan, dass ich mich für eine OP entschieden habe. Und zudem ist es mir wichtig, meine Einstellung zu Berta zu verbessern. Da ich nicht weiß, und das weiß niemand, ob Berta irgendwann wieder wachsen will, ist es mir sehr wichtig, eine Einstellung zu entwickeln, die mir hilft, nicht immer gleich den Kopf in den Sand zu stecken.

Ich habe neulich gemerkt, wie sehr es mich runterzieht, wenn ich mich von meinen Depri-Tagen um den Finger wickeln lasse. Und genau das will ich nicht. Ich bin ein lebensfroher Mensch und genau das möchte ich auch bleiben. Mit kleinen Höhen und Tiefen, aber Berta wird mich nicht weiter einschränken.

So und jetzt: Ab in den Urlaub!

23. Juli 2017

Wahnsinn, wie schnell eine Woche vergeht. Seit gestern sind wir aus dem Urlaub zurück, die Wäsche liegt wieder gewaschen und gebügelt im Schrank, alles ausgepackt. Ich muss sagen, ich bin deutlich entspannter, auch wenn die Woche nicht ganz so prächtig zwischen mir und Berta verlaufen war.

Am Samstag letzte Woche ging es ganz früh morgens los. Um 5:55 Uhr saßen wir im Auto Richtung Autobahn. Wir starten immer so früh, denn wir haben keine Lust, in langen Staus zu stehen und frühstücken gerne schon am ersten Tag am Meer.

Nach genau drei Stunden und dreihundertzwanzig Kilometern waren wir auch schon da. Ohne Hindernisse, direkt zum Meer.

Unser Apartment war bezugsbereit, sodass wir unser Gepäck sofort reinbringen konnten. Bei der Gelegenheit haben wir uns schon strandfertig gemacht, damit wir den ganzen Tag am Strand verbringen konnten. Diesmal hatten wir es wirklich bequem, denn das Apartment lag nur achtzig Meter vom Meer entfernt.

Am ersten Tag ging es früh in die Federn, wir waren ja schon lange unterwegs gewesen. Am nächsten Morgen haben wir uns zwei E-Bikes ausgeliehen. Ich habe bisher immer gedacht, dass wir so etwas nicht brauchen, weil wir beide ganz fit sind. Aber ich muss gestehen, die Räder sind schon cool.

Auf dem Hinweg hatten wir Rückenwind, das war überhaupt kein Problem. Auf dem Rückweg war ich hingegen heilfroh, dass wir die E-Bikes hatten. Der Wind hatte ordentlich zugelegt und normale Fahrräder hätten wir definitiv zurückgeschoben, da wäre an Fahren oben auf dem Deich bei Gegenwind nicht zu denken gewesen. Aber so … kein Problem.

Die nächsten Tage verbrachten wir richtig schön faul am Strand. Und wenn man da so im Strandkorb sitzt und von der Sonne angenehm durchgebrutzelt wird, guckt man sich schon mal die anderen Urlauber an. Zum Glück ist unser Urlaubsort kein High-Society-Fleckchen, sondern ein ganz normaler Familien- und Rentnerort. Hier kümmert es niemanden, wie man am Strand rumläuft.

Ich habe einige Frauen gesehen und mich gefragt, ob die wohl wissen, dass sie eine Berta haben. Klar, gab es auch die schlanken und sportlichen Frauen. Doch ganz viele, die etwas mehr auf den Rippen hatten und eine typische Lipödem-Figur aufwiesen. Das machte es mir etwas leichter.

Ich zog, als wäre es selbstverständlich, meine Sommerhose aus, setzte mich in Tankini in den Strandkorb und spielte mit weitem Shirt und Bikinihose Beachball.

Um ehrlich zu sein, war das meine größte Horrorvorstellung für den Urlaub. Dass ich mich nicht trauen würde, die Hose auszuziehen und die ganze Woche mit langer Buxe am Strand sitzen würde. Aber hey, es war mir ziemlich egal, was die anderen sahen und dachten. Ich war ab dem Zeitpunkt, als ich die anderen Frauen mit den gleichen Beinen und Figuren gesehen habe, irgendwie so selbstbewusst, dass es mir wirklich egal war.

Das lag auch sicherlich daran, dass mich dort niemand kannte. Hier, zu Hause, würde ich mit absoluter Sicherheit niemals so ins Freibad gehen. Never ever! Aber dort am Strand war es kein Problem.

Immer, wenn vor oder neben uns der Strandkorb von anderen Urlaubern gemietet worden war, habe ich schon geguckt, wer den ganzen Tag neben uns war. Jedes Mal mit dem Gedanken: Ist da eine Frau bei, die dünner ist als ich und sportlich?

In diesen Momenten winkt Berta aus dem Oberschenkel, lächelt und sagt: „Juhu, ich bin auch noch da."

Aber scheiß drauf. Ich bin nicht die Einzige, die mit Berta am Strand sitzt. Ja, das ein oder andere Eis hätte nicht unbedingt sein müssen. Und ja, der Urlaub hätte durchaus aktiver sein können. Wollte ich das? Nein.

Ich fand den Urlaub genau richtig. An zwei Tagen sind wir morgens ganz früh schwimmen gegangen. Ja, ich war schwimmen. Im Schwimmbad. Denn da ist die Gefahr, Fischen zu begegnen, nun mal sehr gering. Das ging auch nur, weil mein Männe immer neben mir im Nichtschwimmerbecken war, wo ich stehen konnte, es keine schwarzen Streifen gab und ich eben nicht alleine im Becken weilte.

Ich hatte eigentlich im Vorfeld zwei Termine zur Lymphmassage vereinbart. Diese, nach einiger Überlegung, doch wieder abgesagt, weil mir die Idee mit dem Schwimmen besser gefiel, günstiger war und im Endeffekt die gleiche, wenn nicht sogar bessere Wirkung hatte. Beim Schwimmen soll die Kompression auf die Beine durch den Wasserdruck viermal höher sein als normal. Somit hatte ich kein schlechtes Gewissen, dass ich diese Woche nicht zum Lymphen war.

Meine Kompri habe ich zu Hause gelassen. Mit der wäre ich niemals an den Strand gegangen und für abends wollte ich mir das nicht antun. Ich war doch schließlich im Urlaub. Und tapen ging leider auch nicht, da man direkte Sonneneinstrahlung vermeiden sollte, damit der Kleber nicht zu heiß wird und die Haut verbrennt. Zumal gibt das unschöne Streifen beim Braunwerden.

Dass ich Berta nicht in die Kompri gequetscht habe, hat sich ziemlich schnell bemerkbar gemacht. Abends war Berta an bestimmten Stellen schmerzempfindlich und hatte ganz gut Wasser eingelagert. Kein schönes Gefühl und die Frage kam auf, ob sich das wirklich gelohnt hat. Und ich bin der Meinung, Ja. Es ist nur diese eine Woche gewesen. Eine Woche, in der ich mich trotz Wasser in den Beinen etwas freier gefühlt habe. Aber nur, weil ich genau wusste, dass es nach dieser Woche wieder anders wird.

Am letzten Abend habe ich mir noch eine Nackenmassage gegönnt. Ein perfekter Abschluss. Und dann war die Woche auch schon um. Am Morgen der Abreise schnell die Füße ins Meer gehalten, im Hafen gefrühstückt und dann zurück nach Hause. Diesmal haben wir allerdings mehr als fünf Stunden gebraucht, da alles dicht war. Baustellen und Ferienzeit lassen grüßen. Zu Hause angekommen war der erste Gedanke von mir und meinem Männe: Lass uns sofort wieder ans Meer fahren.

Die Stadt ist uns zu hektisch und zu wuselig. Gut, dass wir jetzt noch eine weitere Woche Urlaub haben und am Montag nicht gleich wieder zur Arbeit rennen müssen. So haben wir noch etwas von unserer entspannten Zeit.

25. Juli 2017

20.07.2017 An diesem Tag sollte der G-BA entscheiden, ob die Liposuktion bei Lipödem in den Leistungskatalog der Krankenkassen aufgenommen wird oder nicht. Um es kurz zu machen: Das Verfahren wurde erst einmal ausgesetzt. Der Grund dafür sei, dass es bisher keine Studie gebe, die beweise, dass die Liposuktion auf Dauer eine Linderung und Besserung verspreche. Nun solle in einer Fallstudie gezeigt werden, welche Vor- oder Nachteile die Liposuktion habe. Diese Fallstudie dauere bis 2022.

Das klingt sehr lang, aber immerhin sind das fünf Jahre. Diese Zeit braucht eine vernünftige Studie. In dieser soll gezeigt werden, welche Kosten die Krankenkasse tragen müsse, wenn nicht operiert werde, sprich Lymphmassage, Kompressionshosen et cetera, und was sie übernehmen müsse, wenn ein Eingriff stattfinde.

Meiner Meinung nach ist das ein sehr guter Ansatz und ich kann diese Entscheidung nachvollziehen. Ohne diese Studie kann man nicht entscheiden. In den Foren wurde natürlich kommentiert, wie scheiße das doch sei, uns keiner verstehe und helfen wolle.

Ich dagegen finde schon, dass man uns helfen will, aber eben nicht auf blauen Dunst hin. Wir alle zahlen viel Geld für die Krankenversicherung und wollen Leistungen, die uns helfen. Da ist es vom G-BA doch nur gerechtfertigt, auf Grundlage einer Studie zu entscheiden, ob diese teuren Operationen für Millionen von Frauen auf Dauer eine geeignete Behandlung sind.

Ich bin fest davon überzeugt, dass die Studie zeigen wird, dass die Frauen nach diesen OPs ein besseres und unbeschwertes Leben trotz Lipödem haben werden. Und dann hoffe ich inständig, dass der G-BA sich zu einem „Ja, für die Liposuktion!" entscheiden wird. Für mich ist es dann wahrscheinlich irrelevant, da ich die Hoffnung habe, im nächsten Jahr meine Operationen durchführen zu lassen.

In einem Forum ging es auch darum, wie man selbst die Eingriffe zahlen solle, dass es viel zu teuer sei und es sich nur wenige leisten können. Die Übernahme der Kosten durch die Krankenkassen sei sehr schwierig und wird oft erst nach jahrelangen Klagen übernommen. Auf die ganzen negativen Reaktionen hat eine Frau im Forum einen, wie ich finde, sehr passenden Beitrag geschrieben.

In diesem ging es darum, dass wir unsere Gesundheit nicht an erste Stelle setzen würden. Dass wir lieber Geld für Autos und Häuser ausgeben, als für unseren eigenen Körper. Sie könne es nicht nachvollziehen, warum wir selbst an unserer Gesundheit sparen wollen.

Sie hat es wirklich auf den Punkt gebracht. Ja, die Operationen kosten Unmengen an Geld. Und ja, ich weiß auch noch nicht, wie ich das mache. Aber ich habe angefangen zu sparen und überlege, wie ich es hinbekomme, anstatt zu meckern. Dass es nicht für jeden machbar ist, ist mir durchaus bewusst, doch da hilft kein Meckern. Darum hoffe ich für uns Betroffene, dass die Studie und die Entscheidung des G-BAs positiv für uns alle ausgehen wird.

27. Juli 2017

Mein zweiter Termin bei der Psychologin gestern Abend hat mich zum Nachdenken gebracht. Es ging um die Selbsteinschätzung, um das Selbstwertgefühl. Sie sagte, dass das Selbstwertgefühl beschreibe, wie ich mich selbst sehe, selbst wertschätze. Was andere denken, sei das Fremdwertgefühl. Und auch ganz deutlich: Das Fremdwertgefühl müsse einem egal sein. Es gehe um einen selbst, um das Selbstwertgefühl. Ich müsse mich wohl und gut fühlen. Ich müsse mich so akzeptieren, wie ich bin und es *nur mir* recht machen.

Ja, das weiß ich und ich dachte immer, dass ich das so sehe, aber im Gespräch ist mir klargeworden, dass ich viel mehr darauf achte, es anderen recht zu machen. Ich lasse alles stehen und liegen, wenn andere etwas brauchen oder möchten, ich versuche meine Figur so anzupassen, dass ich nicht auffalle. Wohlgemerkt die Figur, nicht die Frisur, denn die fällt auf!

Ich versuche, immer alle zufriedenzustellen und wenn es jemandem nicht passt, suche ich die Schuld bei mir und denke sofort, dass ich ein schlechter Mensch bin.

All das ist das Fremdwertgefühl, um das es geht.

Was ist mit mir, mit meinem Selbstwertgefühl, wo ist das? Wenn ich in den Spiegel sehe, ist der erste Gedanke, dass ich dick und hässlich bin. Manchmal denke ich mir: Hey, deine Augen sind ganz hübsch, das Gesicht muss ich auch nicht zu sehr verstecken, na ja, bis zum Bauch ist es ja ganz okay. Aber der Rest …

Wenn ich einen guten Tag habe, fühle ich mich eigentlich gar nicht so dick. Ich fühle mich „normal". Nicht dünn, dick oder fett. Wenn ich dann aber an einem Spiegel vorbeigehe, und mich von vorne betrachte, wird mir immer wieder bewusst, dass mein Oberkörper nicht zum Unterkörper passt. Durch Kleidung kann man es noch einigermaßen verstecken, doch in Jeans mit T-Shirt oder beim Schwimmen kann ich es nicht verbergen. Dann sehe ich Berta in ihrer vollen Pracht und es kommt mir vor, als würde mir jemand ein Brett ins Gesicht schlagen und schreien: „Wach auf! DAS BIST DU!"

Meine Psychologin meinte dazu, dass ich mir nicht eingestehen wolle, dass ich krank sei. Als sie das sagte, habe ich einen Kloß im Hals gehabt. Ich weiß nicht warum. Ich war immer der Meinung, dass ich Berta ganz gut akzeptiert hätte. Wie heißt es so schön: Hätte, hätte, Fahrradkette.

Habe ich mich bis heute belogen und mir das Ganze schöngeredet? Je länger ich darüber nachdenke, desto mehr muss ich ihr zustimmen. Ich habe es bis heute nicht wirklich akzeptiert.

Bei allen Versuchen, einen richtigen Facharzt zu finden, habe ich jedes Mal die Hoffnung, dass mir jemand sagt, ich hätte kein Lip, sondern wäre nur fett und zu doof zum Essen. Noch nie ist mir der Satz „Ich bin krank" über die Lippen gekommen. Ich sage immer nur „Ich habe Lipödem". Ist das eine falsche Wahrnehmung für mich und meinen Körper oder ist das mein Selbstschutz? Ich weiß es nicht.

Ich halte mein Manegenprinzip stets aufrecht und dachte bisher, dass das immer gut für mich ist. Vielleicht habe ich mich geirrt und es wäre besser, auch mal aus der Manege zu treten. Aber will ich, dass es jeder mitbekommt? Wenn ich gefragt werde, wie es mir geht und ob alles in Ordnung sei, erhalten alle eine Antwort, die zwar etwas über mich verrät, doch nicht mehr und nur gefiltert. Ich sollte versuchen, mit mir selbst ehrlich und offen umzugehen. Es nicht immer anderen recht machen zu wollen. Das wird zwar oft unschön, aber für mich deutlich beruhigender.

31. Juli 2017

Ernährung ist für mich ein großes Thema. Ich muss genau aufpassen, was ich esse, um nicht direkt Wasser einzulagern. Darum halte ich mich so gut es geht an die leichte und fleischarme Küche.

Im Urlaub hat das natürlich so gar nicht funktioniert. Die Retourkutsche kam direkt mit fünf Kilo mehr auf der Waage. Berta liebt es, Wasser anzusammeln. Das ist bei ihr so etwas wie eine Leidenschaft, und da ich sie nicht in die Kompri gesteckt hatte, nutzte sie das natürlich direkt aus.

Woher ich weiß, dass es hauptsächlich Wasser ist? An den Beinen bilden sich schmerzende Stellen, die wie Tischtennisbälle aussehen. Zudem sind diese Stellen ganz knubbelig.

Jetzt, da wir wieder zu Hause sind und ich die Kompri fleißig trage, sind diese Stellen deutlich kleiner, schmerzen nicht mehr und außerdem muss ich ständig auf die Toilette rennen, weil das Wasser ausgespült wird. Und so langsam gehen damit auch die Zahlen auf der Waage wieder nach unten. Nun kann ich meine Ernährung wie gewohnt anpassen. Wenig Fleisch, Kohlenhydrate und Zucker, dazu viel trinken, circa drei bis vier Liter am Tag.

Ich mache ab Anfang August eine Weiterbildung für Ernährungsberatung. So kann ich mein Interesse und Wissen zusammenführen. Ich habe, wie am Anfang dieses Buches schon erwähnt, sehr viel ausprobiert und einige Ernährungsberater hinter mir. Meine letzte Ernährungsberaterin hat mir so viel Kraft und Umdenken mitgegeben, dass ich jetzt anderen helfen möchte. Denjenigen, die in der gleichen Situation sind wie ich. Denjenigen, denen immer erzählt wird, weniger Kohlenhydrate und mehr Eiweiß.

Außer meiner letzten Beraterin habe ich noch niemanden getroffen, der sich je mit der Ernährung bei Lipödem beschäftigt hat. Ja, es gibt keine spezielle Ernährungsform für uns Betroffene, aber eine gesunde, ausgewogene Ernährung und Verständnis für die Probleme dieser Frauen sind möglich. Und gerade das Verständnis ist das, was meistens fehlt, doch immens wichtig ist. Denn wenn einer Lipödem-Betroffenen immer und immer wieder gesagt wird, dass sie weniger essen und mehr Sport treiben muss, ist dies für die Hilfesuchende sehr deprimierend, da es die falschen Ratschläge sind. Sie wird nie Erfolg haben, weil sie durch Rückschläge ständig demotiviert wird. Damit möchte ich mich für andere stark machen. Somit kann ich alles miteinander kombinieren und tue Gutes dabei. Das gibt mir ein wirklich gutes Gefühl.

29. August 2017

Der letzte Eintrag in diesem Buch ist ein paar Wochen her. Ich hatte weder Lust noch Zeit, alles niederzuschreiben, denn es erinnert mich immer wieder daran, wie es mir geht. In der letzten Woche war ich für fünf Tage in einer anderen Stadt zum Arbeiten. Es ist schon eine ganze Weile her, dass ich in einer fremden Filiale zur Unterstützung gewesen war. Eigentlich hatte ich mich darauf gefreut.

Montagmorgen bin ich mit dem Zug hingefahren. Da gab es die erste Ernüchterung: Ich passe geradeso in den Sitz. Und der Herr neben mir war nicht die schlankeste Tanne und rutschte auf seinem Hintern immer fleißig hin und her. Brauchte ich nicht mal im Ansatz zu versuchen, denn ich füllte den Sitz komplett aus. Also schnell Jacke und Tasche auf die Beine gelegt und gehofft, dass es nicht auffiel.

Am Ziel angekommen wurde ich dann nett von den Kollegen begrüßt. Was mir sofort auffiel: Ich war wieder mal die Dickste von allen. Das machte meiner eigentlich guten Laune sofort einen Strich durch die Rechnung.

Ich fühlte mich von Tag zu Tag unwohler. In der Filiale hängt an jeder Ecke ein Spiegel und somit hatte ich mich zigmal vor Augen. Wir haben dort länger gearbeitet als sonst und waren wirklich von morgens 8:00 Uhr bis abends 17:30 Uhr unterwegs.

Dienstagmittag wurden meine Beine dicker und schwerer. Als ich abends im Hotel war, zog ich sofort die Hose aus und brauste meine Beine kalt mit Wechseldusche ab. Für den Abend war das erst einmal eine Erleichterung.

Leider fingen die Beschwerden am Mittwoch gleich wieder an und es besserte sich trotz der Wechselduschen nicht, sodass ich bis Samstag etwas davon hatte. Am Freitag durfte ich zum Glück nach Hause fahren.

Alles in allem war es eine beschissene Woche. Klar, ist es gewöhnungsbedürftig, in einer anderen Filiale zu arbeiten und sich dort zurechtzufinden. Doch der Austausch mit den Kollegen ist immer toll.

Aber dieses Mal war es leider nur belastend für mich. Ich habe immer gehofft, dass der Tag so schnell wie möglich vorbeigeht, damit ich die Beine kalt abduschen und hochlegen konnte.

Wenn mich die kommende Woche auf der Arbeit einer fragt, muss ich natürlich sagen, dass es ganz toll war. Das wiederum heißt, dass man bei der nächsten Unterstützung einer anderen Filiale höchstwahrscheinlich mit dabei ist. Am liebsten würde ich sagen, es war toll, doch meine Beine machen das nicht mit. Aber das will ich nicht.

Ich will meinen Job gut machen, nein, sehr gut, denn es ist genau der Job, den ich immer wollte. Ich will mich nicht von Berta einschränken lassen. Außerdem weiß auf der Arbeit so gut wie keiner über Berta Bescheid und meine beiden Chefs schon mal gar nicht.

Sätze wie: „Sorry, ich kann leider nicht mehr so arbeiten, wie es erwartet wird", kommen für mich nicht in Frage. Wäre das mit Sicherheit nichts, wofür ich Pluspunkte bekommen würde. Meine Chefs sind super und haben gerade, was die Gesundheit angeht, für alles Verständnis, aber ich kann nicht einschätzen, wie es langfristig ist, wenn ich sage, ich kann das nicht mehr leisten.

Die große Beichte habe ich noch vor mir, wenn ich meine OP-Termine habe. Denn spätestens dann muss ich den beiden berichten, dass ich im nächsten Jahr etwas länger ausfallen werde. Und dann komme ich auch nicht mehr um die Offenbarung herum, dass ich eine Berta habe.

Man ist nicht verpflichtet, dem Arbeitgeber mitzuteilen, welche Krankheit man hat, auch nicht bei einer Grippe, aber es ist nur fair und trifft vielleicht auf Verständnis.

Wie viele Fehlzeiten das genau sind, weiß ich in vier Wochen. Dann ist endlich der Termin bei dem Chirurgen. Ich muss wirklich gestehen, dass ich es kaum erwarten kann. Ich habe so viele Fragen, die Hoffnung und den Glauben, dass es mir dann besser gehen wird. Ich habe schon angefangen, die Fragen zu notieren, denn sonst vergesse ich die garantiert.

Vorher ist noch der Termin beim Amtsarzt. Dahin muss ich für die Bescheinigung, dass diese OP notwendig ist und dass das Finanzamt bei einer eventuellen Selbstzahlung die Kosten bei der Einkommensteuererklärung berücksichtigt.

Ich habe schon einige Beiträge von Betroffenen gelesen, bei denen es sehr unterschiedlich gelaufen ist. Einige berichten, dass der Amtsarzt die Bescheinigung ausgestellt habe, aufgrund des Befundes des Phlebologen, andere mussten ihre Beine zeigen und bei wieder anderen wurde vom Amtsarzt gesagt, dass es nur eine Modekrankheit sei und es das Lipödem gar nicht gebe.

Ich bin also sehr gespannt, wie mein Termin verlaufen wird. Ich muss jetzt noch eine Woche arbeiten und habe dann eine Woche Urlaub. Es wird eine aufregende nächste Zeit, in der sich alles für mein nächstes Jahr und vor allem ein hoffentlich besseres Leben entscheidet.

12. September 2017

Ich bin geschockt und am Boden zerstört. Warum? Ich habe gerade die Bilder bekommen, die ich für dieses Projekt bei meiner Fotografin in Auftrag gegeben hatte, um zu zeigen, wie meine Berta aussieht. Man erkennt ganz massiv den Unterschied zwischen Ober- und Unterkörper, dass diese beiden einfach nicht zusammengehören. Man sieht deutlich die Ödeme in den Beinen.

Ich wusste, dass ich diese Körperform habe, denn ich stelle mich schließlich vor den Spiegel, aber dass es wirklich so extrem ist, nein, das Gefühl hatte ich nicht.

Ich fühlte mich bisher, trotz des Wissens, dass ich ab Taille sehr breit bin, nie so dick, wie ich mich jetzt auf den Bildern sehe. Berta ist in den vergangenen Monaten nochmal deutlich gewachsen und wenn mir jetzt jemand erzählen will: „So dick bist du doch gar nicht“, klatsche ich demjenigen diese Bilder um die Ohren und frage ihn, was ich denn sonst wohl bin. Dünn auf gar keinen Fall.

Ich bin nun mutig und zeige euch die Bilder der Fototermine. Ich habe beim Anblick der Fotos lange mit mir gehadert. Soll ich sie veröffentlichen? Was werden die Leute denken, die mich kennen?

Aber dem stelle ich mich, denn genau das bin ich. So und nicht anders. Und es gibt nicht nur schöne und glatte Haut bei Menschen, nein, es gibt auch die Berta und ich muss lernen, zu ihr zu stehen. Ich darf mich nicht immer wieder verstecken! Denn Berta ist kein Grund, sich zu schämen. Es ist eine Krankheit, die ich mir nicht ausgesucht habe. So, es ist raus.

ICH BIN KRANK! Und genau aus diesem Grund mache ich das hier. Um anderen zu zeigen, dass es kein Geschenk ist, man aber damit leben muss. Man einfach nur akzeptiert werden, keine heimlichen Blicke bekommen möchte. Und nun die Bilder. Und wer es nicht sehen möchte, der blättert eben ganz schnell weiter …

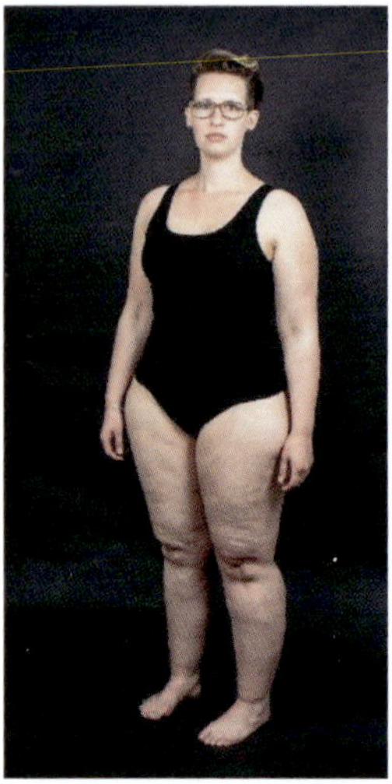

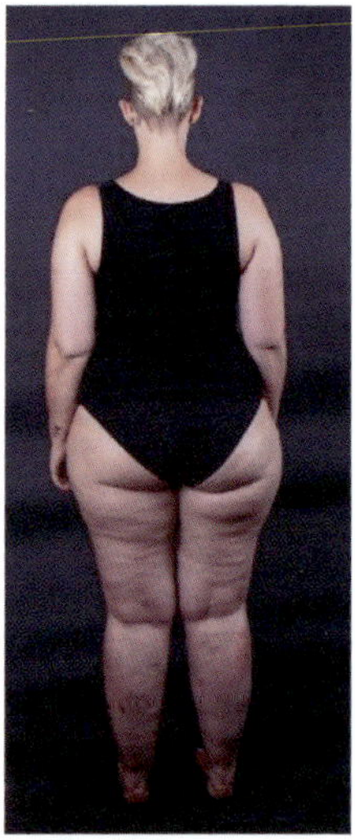

So sieht meine Berta aus. Lipödem Typ 4 Grad II

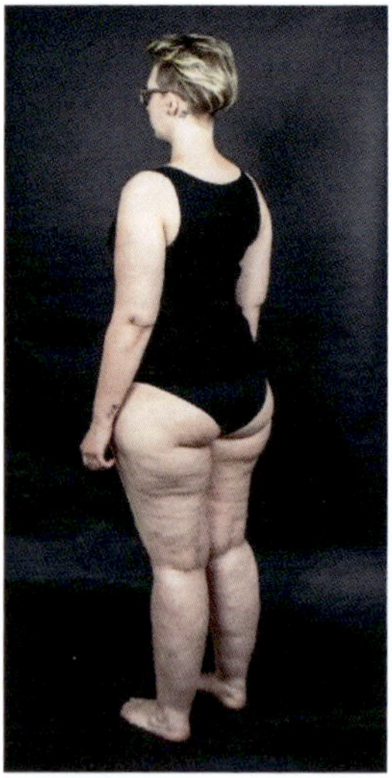

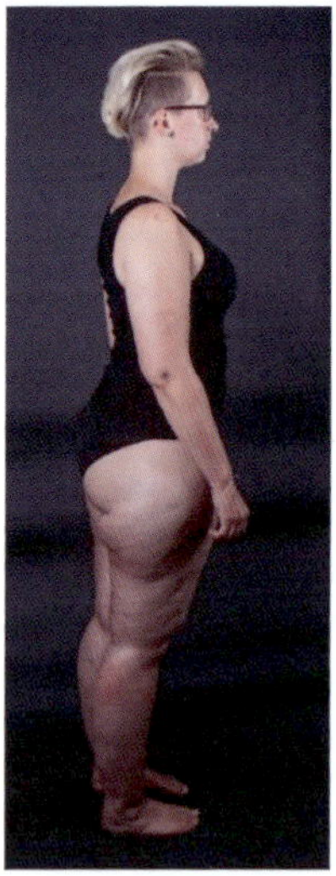

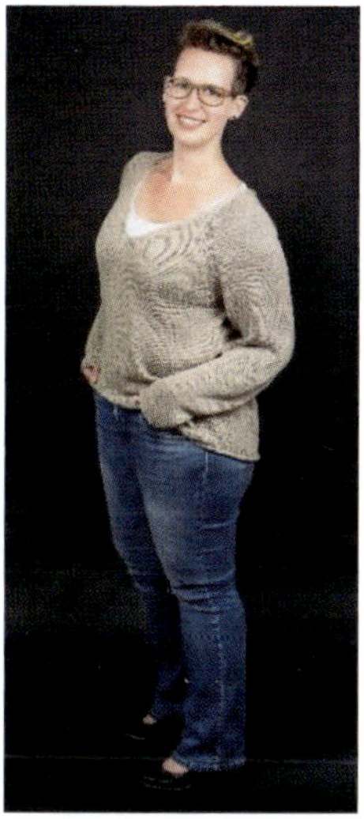 

Und so sehen mich andere.

Die Anmerkungen unter den Bildern kurz zur Erläuterung:

Es gibt beim Lipödem unterschiedliche Typen und Stadien:

Typ I: Fettgewebsvermehrung im Bereich von Gesäß und Hüften. (Reiterhosenphänomen)

Typ II: Das Lipödem reicht bis zu den Knien, Fettlappenbildungen im Bereich der Knieinnenseite.

Typ III: Das Lipödem reicht von den Hüften bis zu den Knöcheln.

Typ IV: Arme und Beine sind bis zu den Handgelenken/ Knöcheln, also mit Ausnahme der Füße und Hände, betroffen.

Typ V: Lipolymphödem mit vermehrter Wassereinlagerung in Hand- und Fußrücken sowie Fingern und Zehen.

Die Stadien unterteilen sich, wie folgt:

Stadium 1: feinknotige Hautoberfläche, umgangssprachlich Orangenhaut

Stadium 2: grobknotige Hautoberfläche mit größeren Dellen, medizinisch auch „Matratzenphänomen"

Stadium 3 (hier beginnend): große, deformierende Hautlappen und -wülste[1]

---

[1] Lipödem Hilfe Deutschland e.V., http://www.lipoedem-hilfe-ev.de/index.php/krankheit-lipoedem 12, 21. September 2017.

Über den Schock muss ich erst einmal hinwegkommen. Ich schäme mich nicht, denn ich kann nichts dafür. Und dennoch bestätigen mich diese Bilder darin, die Operationen durchführen zu lassen. Ich werde versuchen, mich zu beruhigen und abzulenken. Morgen ist ein neuer Tag, der hoffentlich etwas Sonne in mein Gemüt scheinen lässt.

13. September 2017

Das Gefühl von Ich-bin-aufgequollen-und-Unförmig hatte ich in den letzten Tagen an der See. Dort habe ich gemerkt, wie unwohl ich mich fühle, dass meine Beine druckempfindlicher sind und die Haut schmerzt. Es war eigentlich ein sehr schöner, spontaner Urlaub. Vier Frauen und drei kleine Kinder, vier Tage an der Nordsee, ein Kurzurlaub Anfang September.

Ich hatte mich riesig darauf gefreut, aber schon am ersten Abend war mir alles zu viel. Durch die anstehenden Termine für die Gutachten bin ich nervlich so angespannt, dass es mir sichtlich schwerfiel, mich zu entspannen und die Zeit zu genießen. Die Spaziergänge hielten sich zum Glück in Grenzen, da ich nach kurzer Strecke schon gemerkt habe, dass meine Beine schwer wurden und mich nach unten zogen. Das ist derzeit immer häufiger das Problem. Zuhause kommen mir die drei Etagen wie zwanzig vor.

Und auf der Arbeit bin ich ab mittags müde und kaputt. Das kenne ich nicht von mir. Ich habe Angst, dass die Beschwerden schlimmer werden und ich meinen Alltag verändern muss. Veränderungen sind nicht immer etwas Schlechtes, nur wäre es angenehmer, wenn sie aus freien Stücken passieren.

Gestern hatte ich den Termin beim Amtsarzt, damit dieser mir bescheinigt, dass eine Liposuktion für Berta der richtige Weg ist. Damit kann ich die selbstgetragenen Kosten beim Finanzamt als außergewöhnliche Belastung geltend machen. Zuerst habe ich gedacht, dass ich das nie durchbekommen werde, denn vor mir stand eine Frau, die sehr energisch und bewusst wirkte. Das schüchterte mich ziemlich ein.

Aber nach ein paar Sätzen fand ich diese Frau dermaßen sympathisch. Ich konnte ihr meine ganze Geschichte in Ruhe erzählen. Wie alles angefangen hat, welchen Weg ich hinter mir habe, warum ich mich operieren lassen möchte, welche gesundheitlichen Probleme ich bis heute habe und was in den letzten zwei Jahren an Beschwerden dazugekommen ist.

Sie hat mir viel Verständnis entgegengebracht, was es mir unheimlich erleichtert hat, ihr jedes Detail zu erzählen. Am Ende ist mir ein riesiger Stein vom Herzen gefallen, als sie mir zusagte, dass sie mir das Gutachten schreiben würde, und zwar positiv. Positiv für die Lipo.

Ich war so happy wie schon lange nicht mehr. Ich hatte gedacht, dass mir dieser Termin gar nicht so wichtig ist, weil ich den Schritt auch ohne dieses Gutachten gehen würde, aber dass es mich so glücklich macht, überraschte selbst mich.

Mit diesem Elan und positivem Feedback gehe ich nun in die nächste Woche und hoffe, dass mein Phlebologe das Gutachten schreibt. Auch der Termin beim Chirurgen steht an. Danach kann ich wieder etwas ruhiger in die nächste Zeit starten, die arbeitstechnisch sehr stressig wird. Am 02. Oktober heißt es für mich wie jedes Jahr: Weihnachten wird aufgebaut. Ja, so ist das im Bereich der Dekoration. Alle Jahreszeiten sind bei uns ein wenig eher als zu Hause.

20. September 2017

Erzählte ich bereits, dass ich einen zweiten Vornamen trage? War mir bisher zwar bekannt, aber nicht, dass er mich so sehr mitnimmt und ich mich dadurch hintenanstelle.

Was das mit einem Namen zu tun hat? Tja, wenn „Mutti“ oder „Mutter Teresa“ der zweite Vorname ist, hat es sehr viel damit zu tun. Immer steht das Wohl der anderen im Vordergrund. Dass es bloß allen anderen zuerst gut geht und dann mir.

Jetzt hat meine Psychologin mich ganz dezent, so durch die Vordertür, damit konfrontiert, dass auch dies nicht gut für mich sei. Denn Berta brauche Aufmerksamkeit. Und zwar jetzt.

Ich habe sie schon viel zu viel vernachlässigt, was der Grund ist, dass sie immer weiterwächst. Natürlich kann man dies nicht steuern, aber wenn man immer nur schaut, dass es anderen gut geht und immer zu jeder Zeit für alle da ist, stellt man Berta in den Hintergrund. Man kommt nicht dazu, sich die Zeit zu nehmen, die man bräuchte, um Berta beim Wachsen zu hindern.

Was ich damit sagen will: Wenn ich immer nur dafür sorge, dass es anderen gut geht, dann habe ich weniger Zeit, um mich *um mich* zu kümmern.

Denn was extrem wichtig ist, wenn man eine Berta hat: KEIN STRESS. Das ist nicht bei jedem gleich, doch wenn ich im Stress bin, findet meine Berta das ganz toll und wächst. Und darum ist es von enormer Bedeutung, meinen Alltag zu entschleunigen. Im Gespräch mit meiner Psychologin ist mir das bewusst geworden.

Wenn es anderen schlecht geht oder sie etwas nicht schaffen, bin ich zu neunundneunzig Prozent nicht daran schuld. Also, warum soll *ich* das ausbaden?

Natürlich bin und bleibe ich für meine Familie und Freunde immer da, aber ich werde lernen müssen, auch mal nein zu sagen und zuerst darauf zu achten, ob es mir damit gut geht. Es ist so wichtig.

Und genau darum habe ich gesagt, und bin davon überzeugt, dass 2018 MEIN Jahr wird. Da geht es mal um mich und Berta und ich werde mich komplett darauf konzentrieren.

Warum erst 2018 und nicht jetzt? Weil mein Ziel ist, die Operationen nächstes Jahr machen zu lassen. Natürlich stelle ich jetzt schon die Weichen dafür, indem ich meine gesunde Ernährung beibehalte, so viel Bewegung wie möglich einbaue und ganz wichtig, mehr Ruhephasen und Ausgleich zum stressigen Alltag sowie Berufsleben für mich beanspruche. Denn nur, wenn ich jetzt schon alles richtigmache, werden mir die Eingriffe so langfristig wie möglich ein besseres und leichteres Leben ermöglichen.

Heute hatte ich den Kontrolltermin bei meinem Phlebologen. Ich habe ihn gebeten, mir ein Gutachten für meinen Antrag bei der Krankenkasse zu schreiben. Leider war das nicht so einfach wie ich dachte, denn er war sehr zurückhaltend damit. Nun muss ich auch hier die Gutachten der anderen Ärzte wie Hausarzt, Sportmediziner, Psychologin und Chirurg einreichen, und dann schreibt er mir eventuell das Gutachten. Dafür soll ich aber noch einen weiteren Termin machen, bei dem wir dann genau besprechen, was ich brauche.

Ich hatte nicht gedacht, dass es so kompliziert wird, alle Gutachten zusammenzubekommen, denn scheinbar möchte jeder erst die Gutachten der anderen haben, doch wenn niemand den Anfang macht, drehe ich mich im Kreis.

Nun bin ich gespannt, wie es morgen beim Chirurgen läuft. Ich kann es kaum aushalten, schaue ständig auf die Uhr und zähle schon die Stunden rückwärts. Jetzt gerade sind es noch vierzehn Stunden, bis ich im Auto sitze und losfahre. Es ist ein reines Gefühlschaos zwischen Freude und Angst, Übelkeit und Hoffnung. Meine Mutter wird mich begleiten, denn es war ihr ein großes Anliegen mitzukommen. Ich freue mich darüber, und wir werden uns einen schönen Mädelstag machen.

Wenn ich aus dem Gespräch komme, werden wir noch ein wenig durch die Stadt bummeln. Wenn man schon mal in einer Großstadt ist, kann man das Angenehme ja gleich mit dem Nützlichen verbinden.

23. September 2017

Ich weiß gar nicht, wo ich anfangen soll zu berichten. Gestern war mein langersehnter Beratungstermin beim Chirurgen. Zwölf Wochen sind eigentlich nicht lang, aber wenn man auf etwas wartet, kommt es einem vor wie die Ewigkeit. Doch gestern war er endlich da, der 22. September. Ich bin morgens extra länger im Bett geblieben, sprich bis acht Uhr, damit ich bloß nicht so viel Zeit habe, um nervös zu werden. Der Plan ging ganz gut auf.

Ich habe den Abwasch erledigt, die Waschmaschine angestellt, mich fertig gemacht, als auch schon mein Handy bimmelte und meine Mutter schrieb, dass sie jetzt losfährt, um mich abzuholen. Da war ich noch nicht mal angezogen.

Also hieß es sputen, denn ich kann ja schlecht nackig mitfahren. Um neun Uhr saß ich schließlich bei meiner Mutter im Auto und wir fuhren los. Genau neunzig Minuten später waren wir in der Stadt und die Nervosität hielt sich komischerweise in Grenzen. Ich hatte immer gedacht, dass ich total aufgeregt bin, wenn Tag X endlich da ist. Aber nichts, weit und breit. Ich war überrascht.

Da wir sehr gut durchgekommen und in keinen Stau geraten sind, war noch genug Zeit, um einen Kaffee zu trinken, sprich eine Traubenschorle, da ich keinen Kaffee mag. Um kurz vor zwölf standen wir vor der Praxis.

Und dann kam die Aufregung. Die Empfangsdame hat uns die Tür aufgemacht und ich hatte sofort das Gefühl, dass ich hier richtig bin. Keine Spur von Hektik, alles ruhig, freundlich. Fast wie zu Hause.

Nachdem die Formalitäten geklärt waren, mussten wir nur zehn Minuten warten, bis der Chirurg mich aufrief. Das Eis zwischen uns war sehr schnell gebrochen, denn der erste Satz von ihm war: „Sie sind doch die mit dem Irokesen aus meiner Facebook-Gruppe, das erkenne ich sofort."

Jupp, das bin ich. Das fand ich sehr bemerkenswert, denn es hat mir sofort gezeigt, dass er sich wirklich mit seiner Gruppe beschäftigt und weiß, wer da so mitmischt. Sehr sympathisch.

Auch der erste Eindruck war sehr gut. Es ist kein Doc mit weißem Kittel, Nase nach oben und so überheblich, wie man sich einen plastischen Chirurgen vorstellt. Nein. Ganz ruhig, auf einer Ebene mit den Patienten, mit viel Humor.

Zu Beginn wurden die üblichen Dinge wie Vorgeschichte et cetera geklärt. Danach war ich mit meinen Fragen dran.

Ich hatte meinen Ordner mit allen Unterlagen mit und mir im Vorfeld einen Fragenkatalog aufgeschrieben. Das waren Fragen von „Wer schreibt mich krank?“, bis „wie ist die Zeit nach der OP?“, über die Strumpfversorgung.

Um diese Fragen zu klären, mussten erst noch meine Beine begutachtet und untersucht werden. Ich zog meine Jeans sowie die Kompressionshose aus und stellte mich vor die Fotowand. Diese ist blau, damit der Hintergrund neutral und der Befund gut zu sehen ist. Die Wand ist wichtig, damit die Fotos, die von den Beinen und Armen gemacht werden, immer gleich sind und im Hintergrund nichts ablenkt.

Danach hat sich der Arzt meine Arme und Beine genau angesehen. Ich war wieder einmal sehr positiv überrascht, denn vor jeder Berührung hat er fürsorglich gefragt, ob er den Arm oder das Bein anfassen dürfe. Das habe ich vorher bei keinem Arzt erlebt und fand es sehr respektvoll.

Er konnte mir genau zeigen, wo sich das ganze Lipfett befindet. Leider hat sich meine Vermutung bestätigt und die Arme sind auch schon betroffen. An bestimmten

Stellen war es zu sehen und er hat mir erklärt, wo die Problemstellen liegen.

Leider hat er mir gesagt, dass es drei bis vier Operationen an den Beinen geben müsse, je nachdem wie viel er pro Eingriff rausholen könne.

Ich hatte mit maximal drei gerechnet. Nun wird es eventuell eine mehr. Für die Arme wird eine OP veranschlagt, weil man diese immer in einer operiere und das nicht unterteile. Die Menge der Bein Eingriffe resultiere daraus, dass man pro OP maximal fünf Prozent des eigenen Körpergewichts absaugen dürfe.

Als ich so dastand und er mir alles erklärte, habe ich gemerkt, dass mein Kreislauf schlappmacht und mir schwindelig und schwarz vor Augen wurde. Ich wollte mich auf den Stuhl setzen, aber der Doc hat mir gleich gesagt, ich solle mich auf den Boden legen.

Es ist ganz klar: Er ist ein umwerfender Arzt.

Und der Teppich in seiner Praxis ist wirklich sehr kuschelig und bequem. Er meinte beiläufig, dass hier täglich gesaugt werden würde. Da war ich erleichtert und bin einfach länger liegen geblieben. Die Situation an sich war irgendwie sehr lustig und wir haben das mit viel Humor genommen.

Er sagte mir, dass er das schon kennen würde und dies eben schon mal passieren könne. Der Grund sei ganz einfach: Wenn man die Kompri ausziehe, sacke das ganze Blut, was durch die Kompri nach oben gedrückt werde, nach unten in die Beine. Wenn man dann eine ganze Zeit stehe, könne es passieren, dass der Kreislauf in den Keller gehe.

Und das hat mich dann kurzerhand zu Boden gerissen. Als ich so dalag, hat er einfach mit dem Gespräch weitergemacht, was ich ganz gut fand, denn so war es keine unangenehme Situation. Lustig war es dennoch auf eine Art und Weise. Immerhin lag ich in Unterwäsche auf seinem Teppich und er saß vor mir. Die Situation war schon recht ulkig. Als ich mich berappelt und die Jeans wieder anhatte, haben wir noch die letzten Fragen geklärt.

Die Krankschreibung erfolge über den Hausarzt, diese werde zwischen zwei bis vier Wochen dauern, je nachdem wie der Heilungsprozess sei und welchen Job man ausübe. Die Medikamente gebe es als Privatrezept, das OP-Mieder erhalte ich vom Arzt und eines zum Wechseln solle man sich noch selbst besorgen. Die Entscheidung, ob man nach der OP das Mieder oder die Kompri direkt wieder anziehen wolle, sei einem selbst überlassen.

Die Kompri erzeuge einen höheren Druck, welcher besser sei, um der Schwellung entgegenzuwirken. Das Mieder könne aufgrund der Schmerzen angenehmer sein, weil es etwas lockerer sitze.

Ich weiß noch nicht, wie ich mich entscheiden würde. Bei den OP-Techniken gibt es zwei unterschiedliche Verfahren für die Liposuktion bei Lipödem. Es gibt TAL und WAL.

TAL = Tumeszenz-Lokalanästhesie in örtlicher Betäubung

Die Liposuktion in Tumeszenz-Lokal-Anästhesie ist eine der am häufigsten durchgeführten Operationsmethoden in Deutschland. Hierbei wird dem Patienten vor dem Eingriff eine größere Menge an Tumeszenz-Flüssigkeit injiziert. Diese Flüssigkeit bewirkt, dass das Fett aufquillt und somit leichter abzusaugen ist. Die Haut wirkt danach wie angeschwollen. In dieser Tumeszenz-Flüssigkeit, die dem Patienten vorab gespritzt wird, ist außerdem ein Lokalanästhetikum enthalten. Dieses kann sich in

Kombination mit der Tumeszenz-Flüssigkeit besonders gut verteilen, wodurch der Patient bei der Fettabsaugung an der zu behandelnden Stelle nichts spürt. Falls doch, kann immer nachgespritzt werden. Der Organismus des Körpers wird durch das Einsparen einer Vollnarkose geschont. Außerdem kann der behandelnde Dermatologe oder Chirurg den Patienten während der Behandlung zum Aufstehen auffordern.

Das hat den Sinn, dass auch die restlichen Fettdepots, die im Liegen nicht sichtbar werden, entfernt werden können. Insgesamt kann in einer Sitzung ein Fettvolumen von bis zu vier Litern abgesaugt werden. Bei dieser Operationstechnik werden das umliegende Gewebe, die Nerven und größere Blutgefäße geschont. Sehr selten treten nach einer Fettabsaugung Infektionen oder sogenannte Serome auf. Serome sind kleine Hohlräume, in denen sich Lymphflüssigkeit ansammelt. Sie können aber relativ leicht wieder abgesaugt werden.

Die Absaugung erfolgt über ganz besonders feine, stumpfe Kanülen (wie auch bei der WAL-Technik). Mit leichten Schwingungen der Hand wird das Fett dann ganz leicht herausgerüttelt und abgesaugt. Mit dieser

Operationsmethode können auch empfindliche Stellen, wie etwa das Knie oder die Knöchel bearbeitet werden.

WAL = Wasserstrahl-Assistierte-Liposuktion (Water-Jet-Liposuction)

Die Wasserstrahl-Assistierte-Liposuktion (WAL) ist in der operativen Dermatologie und plastisch-ästhetischen Chirurgie eine noch relativ wenig gebräuchliche Methode, um Fett abzusaugen. Sie ist jedoch eine sehr schonende und auch schnelle Methode. Sie basiert ebenfalls auf der Liposuktion in Tumeszenz-Lokalanästhesie. Bei der Wasserstrahlassistierten Fettabsaugung arbeiten die Fachärzte mit einem sehr feinen Wasserstrahl. Mit ihm können sie das Fettgewebe sehr schonend vom restlichen Gewebe lösen. Bei diesem Eingriff bedarf es rund siebzig Prozent weniger Tumeszenzlösung. Die geringere Tumeszenzlösung schränkt das Aufschwemmen der zu behandelnden Bereiche erheblich ein und das Beurteilen der Modellierung fällt den Fachärzten leichter. Die Operationsdauer verkürzt sich deutlich, da keine lange Einwirkzeit berücksichtigt werden muss.

Der Druck des Wasserstrahls passt sich den verschiedenen Bindegewebsstrukturen perfekt an, so dass der behandelnde Facharzt die Fettdepots gezielt herauslösen kann. An der Kanüle befindet sich außerdem ein zweiter Kanal, mit dem das Wasser sowie das herausgelöste Fett direkt in einem Arbeitsgang wieder abgesaugt wird. Der Vorteil hierbei ist, dass neben den Fettzellen auch ein großer Teil des Lokalanästhetikums und der Tumeszenzlösung wieder mit abgesaugt werden. Dadurch wird die Medikamenten- und die Kochsalzbelastung des Patienten deutlich verringert.

Der Vorteil dieser Operationsmethode besteht zudem darin, dass der Facharzt schon während der Operation das Ergebnis sehr gut einschätzen kann. Er kann bereits bei dem Eingriff Dellen und Unebenheiten ausgleichen. Der Patient befindet sich während des Eingriffs bei vollem Bewusstsein, es sei denn er wünscht einen Dämmerschlaf oder gar eine Vollnarkose. Aufgrund der örtlichen Betäubung ist dies aber eigentlich nicht nötig. Außerdem kann auch er schon während der Operation das Ergebnis begutachten.[2]

Dieser Doc wendet die WAL Methode an. Er erklärte weiter, dass man während der OP einen Tropf mit Flüssigkeit bekomme, da der Flüssigkeitshaushalt durch das Absaugen sehr leide. Um das auszugleichen und den Kreislauf stabil zu halten, erhalte man auch nach der Operation Flüssigkeit über den Tropf.

Ein weiteres Thema war die Ernährung. Ich war so geschockt, dass nach so vielen Ärzten, Ernährungsberatern und Diäten mal einer zu mir sagte: „Sie müssen nicht abnehmen, sie müssen nur richtig essen."

Ich dachte, ich habe mich verhört. Was hat er gerade gesagt? Aber es war so logisch.

Das Problem von vielen Betroffenen ist, dass sie zu wenig essen. Hört sich komisch an, ist aber so. Wir Betroffenen essen möglichst wenig, um nicht noch mehr

---

[2] Lipödem Hilfe Deutschland e.V., http://www.lipoedem-hilfe-ev.de/index.php/krankheit-lipoedem/therapiemoeglichkeiten/liposuktion-beim-lipoedem/die-wal-technik, http://www.lipoedem-hilfe-ev.de/index.php/krankheit-lipoedem/therapiemoeglichkeiten/liposuktion-beim-lipoedem/die-tumeszenz-technik, 21. September 2017.

zuzunehmen. Dadurch geht der Körper allerdings in den Hungerstoffwechsel.

Das heißt, alles, was an Essen reinkommt, wird direkt gespeichert, weil der Körper allgemein zu wenig bekommt. Also müssen wir lernen, wieder mehr zu essen, damit der Körper aus dem Hungerstoffwechsel herauskommt. Aber nicht zu viel, denn sonst speichert der Körper das, was zu viel ist, natürlich auch ein. Man muss lernen, gesund und die richtige Menge zu essen. Also nicht zu viel und auf gar keinen Fall zu wenig.

Wichtig sei, dass man vor den Eingriffen einen guten Ernährungsweg gefunden hat, denn danach solle man keine Diäten halten, um dem Jo-Jo-Effekt vorzubeugen. Dann würden die Operationen nichts bringen, weil sich durch den Jo-Jo-Effekt wieder Fett ansammle, zwar gesundes, aber eben Fett. Dieses gesunde Fett bekomme man durch Diäten zwar weg, doch man sei wieder in diesem Teufelskreis und könne nicht zwischen gutem und schlechtem Fett unterscheiden. Darum sei es besser, keine Diäten mehr zu machen und sich von Anfang an gesund und richtig zu ernähren.

Als meine Fragen geklärt waren, war die Stunde, die für das Beratungsgespräch veranschlagt wurde, auch schon um. Da ich schon sehr viele Informationen durch das Internet, die Facebook-Gruppe und meine Physio erhalten hatte, war mein Fragenkatalog nicht mehr allzu lang.

Wir haben während des Gespräches viel zu lachen gehabt und das hat mich unheimlich beruhigt. Für mich stand schnell fest, dass ich hier den richtigen Arzt gefunden habe. Gerade bei so einem Eingriff bin ich der Meinung, dass die Chemie zwischen Patient und Arzt einwandfrei stimmen muss.

Ich muss mich wohl fühlen und hundertprozentig davon überzeugt sein, dass dies der richtige Arzt für mich ist. Und das war bei mir so. Ich habe mir sofort Termine sichern lassen und somit am 20.06.2018 meine erste OP an den Beinen.

Im August folgen die Arme und im Oktober nochmal die Beine. Die letzten ein bis zwei Termine konnte ich leider nicht vereinbaren, da der Plan für 2019 noch nicht steht. Auf die Warteliste ließ ich mich ebenfalls setzen, für den Fall der Fälle, dass jemand abspringt und ich eventuell eher einen Termin erhaschen könnte. Zwar ist die Warteliste sehr sehr lang, ein Versuch ist es dennoch wert.

Als meine Mutter und ich die Praxis verließen, war ich irgendwie erleichtert. Mir ging es gut und ich war einfach nur heilfroh. Nur das mit den mindestens vier bis fünf Eingriffen hing mir quer. Das würde den Kostenfaktor nochmal hochtreiben, aber ansonsten ging es mir einfach nur gut.

Meine Mutter und ich sind Mittagessen gegangen, damit das alles erst einmal sacken konnte. Nach einem kurzen Bummel durch die Stadt haben wir uns dann wieder auf den Heimweg gemacht.

Auch heute Morgen muss ich wirklich sagen, dass ich mich tierisch auf den 20.06.2018 freue. Es wird mein letztes Weihnachten mit diesen Beinen sein, auch Ostern wird es mich nur noch einmal mit genau diesen Beinen geben. Der Gedanke daran ist unglaublich. In exakt einem Jahr habe ich die ersten beiden Operationen bereits hinter mir. Aber es ist einiges zu tun. Ich muss mich jetzt um alle Gutachten kümmern, um den Antrag bei der Krankenkasse zu stellen und mir gleichzeitig einen Plan zurechtlegen, wie es aussieht, wenn ich die Finanzen selbst tragen muss.

Nächstes Jahr Juni hört sich so weit weg an, doch die Zeit vergeht schneller als man denkt.

28. September 2017

Heute, eine Woche nach dem Termin, geht es mir endlich einmal richtig gut. Ich merke, wie langsam die Last von meinen Schultern fällt. Endlich kann ich meiner Familie von meinem Vorhaben erzählen und muss kein Geheimnis mehr daraus machen. Meine Eltern wussten es ja schon, aber meine Geschwister weihe ich nun ein, dass ich Berta auf den OP-Tisch legen werde.

Ich bin ziemlich aufgeregt, weil ich nicht abschätzen kann, wie sie reagieren werden. Bis dahin sind es noch ein paar Tage. Meinen Chefs habe ich es bereits gesagt. Ich muss zugeben, mir ist fast das Herz in die Hose gerutscht. Sie mussten schlucken, als ich erwähnte, dass es vier bis fünf Operationen werden und wie lang meine Ausfallzeit sein würde.

Aber im gleichen Augenblick haben sie mir versichert, dass ich das Richtige tue, wenn es mir so nicht gut geht. Ich wusste, dass ich gerade beim Thema Gesundheit überhaupt keine Bedenken haben muss, doch man ist schon nervös, wenn man seinen Chefs erzählen muss, dass man einige Zeit nicht arbeiten kann. Ich kann mich nur wieder und wieder für so viel Entgegenkommen und Verständnis bedanken. Ich finde, das ist gerade in der heutigen Zeit nicht mehr selbstverständlich. Also danke, danke, danke.

Auch meine beiden Kolleginnen haben mir immer schon gesagt, dass sie mich unterstützen. Und auch jetzt, da ich die OP-Termine vereinbart habe, war es für die beiden selbstverständlich, dass wir den Urlaubsplan für das kommende Jahr so anpassen, dass in meinen Fehlzeiten beide da sind, um mich zu vertreten. Auch dafür kann ich mich nur immer und immer wieder bedanken.

Wo gibt es das heute noch? Würde ich diese Unterstützung nicht haben, würde es mir sehr schwerfallen.

Ich muss zugeben, ich habe schon Angst, meinen Job zu verlieren, denn gerade in der heutigen Zeit hört man sehr oft, dass man durch lange Krankheit gekündigt wird. Offiziell natürlich aus einem anderen Grund, weil man bekanntlich wegen Krankheit nicht gekündigt werden darf. Und leider ist es doch meistens so, dass alle nur an sich selbst denken. Für mich ist es daher eine extreme Erleichterung, dass ich diesen Rückhalt im Job erleben darf.

29. September 2017

Wenn ich gewusst hätte, was es für ein unglaublicher Aufwand ist, diese Gutachten zusammenzubekommen … Ich hätte gleich aufgegeben. Bevor ich beim Chirurgen gewesen bin, hatte ich den Termin bei meinem Phlebologen.

Ich berichtete schon, dass es nicht so einfach war, ihn um ein Gutachten für die Krankenkasse zu bitten, da er zunächst die Gutachten der anderen Ärzte haben und weitere Untersuchungen der Venen und Arterien durchführen wollte. Ich hatte ihn so verstanden, dass er mir danach das Gutachten schreiben würde.

Heute habe ich in seiner Praxis angerufen, um einen Termin zu vereinbaren. Das war ein Drama, denn es gebe erst einen freien im Januar.

Ähm ja, jetzt haben wir Ende September und ich wollte den Antrag im Dezember an die Krankenkasse schicken, was ich ihm auch bei meinem letzten Besuch gesagt hatte. Also habe ich der Dame am Telefon das Ganze erklärt, und sie sollte noch einmal Rücksprache halten. Also rief ich ein paar Stunden später wieder an und konnte für Ende November einen Termin ausmachen.

Man sagte mir dann noch, dass es gar nicht sicher sei, dass der Doc mir ein Gutachten schreiben würde. Da bin ich fast aus allen Wolken gefallen. Ich hatte es mit ihm besprochen und habe extra alle Unterlagen besorgt!

Der Dame am Telefon erklärte ich daraufhin, dass der Termin Ende November keinen Sinn macht, wenn er mir eh kein Gutachten schreiben würde.

Die Zeit kann ich mir sparen. Was ich nicht verstehe, er ist der Doc, der mir das Lip diagnostiziert hat. Und genau er will mir eventuell KEIN Gutachten schreiben? Warum? Wenn nicht er, wer denn dann?

Nach einigem Hin und Her einigte ich mich mit der Dame am Telefon darauf, dass wir den Termin erst einmal festhalten und sie abermals Rücksprache mit dem Doc hält. Sollte er der Meinung sein, kein Gutachten schreiben zu wollen, würde sie sich melden und den Termin absagen.

Oh man, was ist denn los? Ich kümmere mich schon um alles und setze alle Hebel in Bewegung, und dann werden mir noch Steine in den Weg gelegt?

Da war meine derzeit gute Laune hinfällig und im Keller.

Berta macht sich gleich bemerkbar, indem sie meint, dass wir mal wieder Schmerzen auf der Haut vertragen könnten. Und sie bockt wahrscheinlich, weil die Kompri derzeit fleißig angezogen wird, weil ich der Haut mal „klebefrei“ gegeben habe. Wenn die Haut immer nur getapet ist, ist das eben auch nicht das Goldene vom Ei.

Darum lasse ich die Tapes zwischendurch zwei bis drei Wochen lang weg, dafür muss die Kompri an. Und dann schmerzt das Knie und Berta rebelliert, indem die Haut zwickt und es sich anfühlt, als würde jemand die Sehnen und Nerven unter der Haut zusammenziehen und wieder loslassen wie eine Art Krampf. Das Einzige, was hilft: Beine hochlegen und versuchen zu entspannen. Berta ist eben total gegen Stress.

Einen kleinen positiven Lichtblick gab es heute Abend aber noch. Das Sanitätshaus, indem ich meine Kompri immer bestelle, hat mich angerufen und ein paar Neuigkeiten bezüglich eines neuen Arztes in der Umgebung für mich. Es solle einen neuen Arzt geben, der auf Lip spezialisiert sei. Wäre ja interessant, sich diesen

Arzt einmal anzusehen, um dann eventuell dort zur Kontrolle zu gehen.

Meine Sanitäts-Fee ist da wirklich spitze. Sie kümmert sich um die Antragstellung der Kompri bei der Krankenkasse, steht mir immer mit Rat und Tat zur Seite. Sie engagiert sich sehr für das Thema Lip und ist gefühlt überall dabei, wo es um diese Krankheit geht, ob es nun Infoveranstaltungen oder neue Projekte sind. Es ist toll, wenn es Personen gibt, die sich so für andere einsetzen und dafür kämpfen, dass etwas Gutes in Gang gesetzt wird. Auch hier ein großes Dankeschön!

05. Oktober 2017

Jetzt habe ich gedacht, dass alles gut ist. Die OP-Termine stehen, die Gutachten sind in Arbeit und im Grunde lief es einwandfrei. Aber Berta macht mir einen Strich durch die Rechnung. Seit Tagen habe ich Schmerzen in den Beinen. An den Schienbeinen und am Oberschenkel seitlich. Das hatte ich bisher immer mal wieder, doch nicht mehrere Tage hintereinander. Und ich bin müde und schlapp.

Ich habe einen Schub, denn auch mein Umfang ist mehr geworden. Wenn ich könnte, würde ich den ganzen Tag schlafen.

Aber das geht nicht, ich muss arbeiten. Was mich derzeit ein wenig aufheitert, ist die Jahreszeit. Es ist Anfang Oktober und das heißt, Weihnachten wird aufgebaut. Ich LIEBE Weihnachten.

Da kommt man jeden Abend nach Hause und glitzert wie eine Christbaumkugel, da man die ganzen funkelnden Päckchen und Weihnachtsbäume hinstellt.

Das Lustige daran: Es dauert Ewigkeiten, den Glitzer wieder aus den Klamotten zu bekommen. Da reicht einmal duschen und Waschmaschine nicht aus. Gut, glitzere ich halt. Dann bin ich wohl eine Discokugel.

Apropos Glitzerkugel, okay, die Verbindung ist jetzt sehr weit hergeholt, aber was ist mit den Stars und Sternchen? Hat mal jemand davon gehört, dass sich eine Prominente vor die Kamera gestellt hat und sagte: „Ja, ich habe Lipödem“?

Ich kenne nur eine Schauspielerin aus Deutschland, die ein Buch darüber geschrieben hat. Ansonsten habe ich noch nie davon gehört. Wenn doch jede vierte Frau beziehungsweise vier Millionen Frauen in Deutschland an Lipödem leiden, egal in welchem Stadium, wie kann es dann sein, dass keine Prominente betroffen ist?

Ich habe in den Medien verstärkt darauf geachtet, aber sind die etwa alle operiert? Oder gibt es sie wirklich nicht? Ich würde gerne mal eine Prominente kennenlernen und fragen, wie sie es im Showbusiness versteckt oder wie sie damit umgeht, wenn die Öffentlichkeit doch so scharf auf „Unperfektes“ ist. Ich meine, jedes Mal, wenn eine in den Medien stehende Dame auch nur fünfhundert Gramm zugenommen hat, wird sie in der Öffentlichkeit zerrissen. Was für ein Quatsch!

Wie also wäre es mit einem Lipödem? Was, wenn ein Schub kommt, der Umfang rasch zunimmt und nicht wieder geht? Hat diese Dame dann die Welt ins absolute Verderben gestürzt und für den kompletten Untergang gesorgt? Bestimmt nicht, wir sind alle noch da.

Aber wo ist diese Dame und wie bekommt sie es kaschiert? Mh, Fragen über Fragen. Ist das Unperfekte nicht gerade das, was uns perfekt macht?

Wie sagt doch eine Werbung derzeit so schön: „Nur eine Null hat keine Ecken und Kanten." Wie wahr. Und ich wette, die, die jedes Mal schadenfroh darüber schreiben, dass der- oder diejenige wieder ein paar Pfunde zu viel hat, sich die Nase oder Brüste hat richten lassen, mit Sicherheit nicht die Schönsten und Schlankesten sind. Und das bezieht sich jetzt nicht nur auf die werten Damen und Herren der Medien, sondern gilt für alle Menschen auf diesem Planeten.

Also: Hört doch auf, euch immer über andere auszulassen und kümmert euch um euren Kram.

Puh, das musste jetzt mal raus.

12. Oktober 2017

Es ist so erleichternd, wenn man der engsten Familie, sprich meinen Geschwistern, gesagt hat, was man vorhat. Warum ich das nicht vorher erzählt habe? Einfach um mich selbst vor Nachfrage zu schützen, glaube ich.

Es ist nicht böse gemeint, aber ich musste mich mit Berta erst einmal zurechtfinden. Bereits jetzt habe ich gemerkt, dass dieser Weg nicht einfach werden wird. Die Dinge, an die man denken muss: Gutachten, eigene Stellungnahme, Bescheinigung für das Finanzamt beantragen, Arztsuche, Planung bezüglich der Kosten … Es ist einfach wahnsinnig viel und man hat immer Angst, dass eine der Stellen, die man kontaktieren muss, nicht mitspielt.

Jetzt habe ich alles beisammen und konnte auch die Letzten miteinbeziehen. Das tat wirklich gut. Nun muss ich mich nicht mehr verstecken und mein Gefühlschaos kann ich bewältigen.

In der Firma wissen es die Personen, die es wissen sollten, um sich auf meine Fehlzeiten einzustellen. Auch das ist wirklich erleichternd, da Verständnis vorhanden ist. Und das ist nicht selbstverständlich.

Ich bin einfach so unendlich dankbar, dass ich seitens Familie und Arbeitgeber so viel Rückhalt erfahre. Alleine, wenn der nicht mitspielen würde, hätte ich ein großes Problem. Wenn ich mich immer nur in meinem Urlaub operieren lassen könnte, würde es Jahre dauern, bis ich alle Eingriffe hinter mir hätte. Bei sechs Wochen Urlaub und jeweils zwei bis vier Wochen Ausfallzeit kommen da einige Wochen zusammen. Zumal ich bei meinem Job von mindestens drei bis vier Wochen ausgehen solle, wie man mir sagte.

Aber ich bin positiv gestimmt und hoffe, dass ich so schnell wie möglich wieder fit bin und Berta anschließend keine großen Zicken machen wird. Ich weiß, dass ich auf dem richtigen Weg bin, denn sonst hätte ich bereits aufgegeben. Der größte Brocken der Organisation steht mir mit dem Budgetplan noch bevor, doch auch das bewältige ich, wäre ja gelacht, wenn nicht.

21. Oktober 2017

Jetzt war ich wieder so positiv gestimmt und heute der nächste Dämpfer. Ich wollte mich um Rechtschutz kümmern, um im Falle einer Auseinandersetzung mit der Krankenkasse nicht auch noch vor einem großen Kostenbetrag zu sitzen.

Ja, ich hätte mich eher darum kümmern können, aber das hatte ich nicht, weil ich das nie gebraucht habe.

Nun wollte ich das Thema also angehen. Heute habe ich erfahren, dass man mindestens drei Monate warten muss, bis der Versicherungsschutz greift. Das heißt für mich, dass ich den Antrag bei der Krankenkasse auf Kostenübernahme erst im Januar stellen kann, denn wir haben bereits Ende Oktober. Okay, jetzt muss ich also noch abklären, wie alt die Gutachten maximal sein dürfen, damit diese von der Krankenkasse anerkannt werden.

Wieder Stress und Bangen. Und gestern gab es eine Nachricht, die mich weiter runtergezogen hat. Meine Krankenkasse ist wohl kein leichter Verhandlungspartner, was die Kostenübernahme zur Liposuktion bei Lipödem angeht.

Wie ich gestern von einer Teilnehmerin aus dem Forum erfahren habe, hatte diese es nur mit Ach und Krach durchbekommen, weil die Krankenkasse einen Formfehler begangen habe, sprich, die Krankenkasse habe sich Monate nicht gemeldet. Somit schaffte sie es, dass die Kasse den kassenärztlichen Satz von circa eintausendsiebenhundert Euro pro OP gezahlt hat. Das ist weniger als die Hälfte der OP, aber immerhin besser als nichts.

Ich dachte, es wäre etwas mehr. Nun gut. Jetzt hoffen Berta und ich, dass wir zumindest diesen Betrag für uns erkämpfen können. Berta würde sich mittlerweile tierisch freuen, dünner zu werden, da die Schmerzen immer mehr werden. In regelmäßigen Abständen schmerzen die Beine und zwischendurch auch die Arme. Das Treppensteigen wird immer anstrengender. Inzwischen bin ich mehr als fix und alle, wenn ich in der dritten Etage vor der Wohnungstür angekommen bin. Aber ich weiß, dass sich in acht Monaten alles ändern wird.

Heute ist mir klar geworden: In genau einem Jahr hast du bereits deine dritte OP. Und das hat mir so unglaublich viel Kraft und Motivation gegeben.

Berta ist wirklich unermüdlich. Sie zwickt und zwackt mich mittlerweile, was das Zeug hält. Als wolle sie nochmal so richtig aufdrehen, bevor ich sie nächstes Jahr vor die Tür setze. Das Komische an der ganzen Sache ist, dass es mich nicht mehr so runterzieht wie noch vor ein paar Monaten. Zum einem habe ich nicht die Zeit, darüber nachzudenken, da ich jeden Tag damit beschäftig bin, die Unterlagen und Gutachten für den Antrag der Krankenkasse zusammenzustellen. Zum anderen ist auf der Arbeit der Endspurt der Weihnachtszeit eingeläutet und das bedeutet einfach Stress. Somit bin ich abends so müde, dass ich keine Zeit habe, mir über Berta zu viele Gedanken zu machen. Worum ich mir eh mehr Gedanken machen müsste, sind mein kaputtes Knie und mein Rücken. Die schreien gerade mehr als Berta nach Aufmerksamkeit.

Der beste Witz, den ich neulich gehört habe: Ich soll für mein Knie eine Bandage tragen. Ich musste innerlich wirklich herzhaft lachen, denn wie soll ich die mit der Kompri vereinen? Geht einfach nicht. Also wieder ein Kompromiss: So lange es geht Kompri, bis das Knie komplett streikt, dann ein zwei Tage mit Bandage und dann wieder Kompri.

Und als wenn das noch nicht reichen würde, zusätzlich Krankengymnastik für den Rücken. Und alles ist im Grunde auf das Übergewicht zurückzuführen. Also wie immer das gleiche Problem. Nimm ab!

Ich weiß einfach nicht mehr, wie ich das machen soll. Ich habe schon ständig an der Ernährung rumgefeilt, Kalorien gezählt, auf Lebensmittel verzichtet und unterschiedliche Ernährungsformen ausprobiert. Dann scheinbar zu wenig Bewegung. Wobei ich mich frage, wie ich mich den ganzen Tag krampfhaft auf den Beinen halten soll?

Mein letzter Ansatz ist jetzt ein Personal Trainer, der mir mal ganz gewaltig in den Hintern treten und mich drillen wird.

Eine Freundin hat mir in diesem Punkt unter die Arme gegriffen. Bei einem Käffchen habe ich mich mal richtig ausgekotzt und gemeint, dass ich mal Lust auf einen Personal Trainer hätte. Also nicht zum Vernaschen … sondern als Trainer, der auf mich eingeht und auch keine Ausreden gelten lässt. Dummerweise kannte sie einen und schwubs!, war meine Nummer weitergegeben.

Und da kam der Ehrgeiz durch und ich habe wieder Lust, mit Sport anzufangen. Schade, dass man dazu immer jemand anderen braucht. Mein Männe hat mir schon unzählige Übungen gezeigt, aber alleine bekomme ich das nicht hin und lasse ganz schnell die Unlust siegen.

Somit habe ich mich heute mit meinem PT, Personal Trainer, getroffen. Wir haben schnell festgestellt, dass wir auf einer Wellenlänge sind und es war für mich schnell klar, dass das ab Januar mein Weg sein wird.

Jetzt anzufangen, wo bald die Weihnachtszeit beginnt, wäre so richtig bekloppt. Also Januar. 2018 wird hoffentlich mein Jahr. Training, Operationen, Ernährung. Läuft.

Aber nun vor Weihnachten kommt auch wieder die Zeit der Weihnachtsmärkte. Eigentlich liebe ich Weihnachten, die Gerüche und Leckereien, Geschenke und Kerzenlicht. Dieses Jahr mag ich allerdings gar nicht gerne raus. Ich fühle mich einfach nicht wohl.

Neulich gab es eine Situation zu Hause, die mich wirklich traurig gemacht hat. Mein Männe hatte sich eine neue Sporthose gekauft und stand mit dieser, angezogen, vor dem Spiegel. Ich habe mich daneben gestellt und da kam der Schock: Ich bin doppelt so breit wie er.

Nicht, dass ich etwas dagegen habe oder es bei anderen schlimm finde. Aber ich war noch nie breiter als mein Männe und das hat mich runtergezogen.

Da kam in mir nur ein Gedanke hoch: Du kannst nie wieder mit deinem Männe nebeneinander nach draußen gehen. Wie die Leute gucken, was die denken und wie das aussieht. Um Himmels willen.

Die Antwort von meinem Männe: „Du spinnst."

Und da habe ich wieder mal gesehen, dass es ihm egal ist. Er liebt mich und steht zu mir. Und ich muss aufhören, mir um so etwas Gedanken zu machen. Die Worte, die mir in den letzten Tagen noch im Ohr klingen, waren seine. Er meinte, dass er großen Respekt davor habe, dass ich diese OPs machen lasse und dass er sich so etwas niemals trauen würde. Dass ich mir jetzt keine Gedanken um irgendwas machen solle, da ich meine ganze Energie für das nächste Jahr brauchen werde.

Ach, ich lieb ihn einfach. Ich glaube, es ist nicht selbstverständlich, dass man von seinem Partner diesen Rückhalt bekommt. Ich kann nur immer wieder Danke sagen.

15. Dezember 2017

Ich fasse es nicht. Es ist einfach so unglaublich!!!

Da bekomme ich doch vor wenigen Tagen einen Anruf, der alles verändert. Und da wäre ich mit Berta fast vom Stuhl gefallen. Am anderen Ende des Hörers war die Praxis des Chirurgen und teilte mir mit, dass meine erste OP im Februar sei.

Mal eben um vier Monate vorgezogen! Prompt schossen mir die Tränen in die Augen und ich konnte mein Glück nicht fassen.

Ich bin ja noch gar nicht so weit. Der Antrag für die Krankenkasse muss gestellt werden und die restlichen Dinge, um die man sich kümmern muss, hatte ich mir für Februar vorgenommen. Nun heißt es, sich ganz schnell um die Zusatzversicherung kümmern, die man bei einer OP abschließen sollte, im Falle des Falles, dass die Krankenkasse nicht zahlt. So bin ich für eventuelle Folgekosten abgesichert. Danach folgt noch das Gespräch mit dem Hausarzt und der Vorbeugung, da gewisse Blutwerte hoch genug sein müssen. Und und und.

Und weil das Jahr einfach ein gutes Ende haben muss: Ich habe meinen Lehrgang zur Ernährungsberaterin abgeschlossen. Nun kann ich mich um meine Werbung kümmern und freue mich darüber, anderen helfen zu können, die sich in ihrem Körper nicht mehr wohl fühlen oder einfach nicht verstanden werden. Gerade mit Lipödem ist es wirklich nicht einfach abzunehmen, aber es geht. Ich freue mich auf diesen Weg und bin gespannt, was er für mich bereithalten wird.

20. Dezember 2017

Dieses Jahr gab es reichlich Höhe- und Tiefpunkte. Es war ein Jahr der großen Entscheidungen, mit glücklichen und zutiefst deprimierenden Momenten, vielen Tränen und jeder Menge Mut.

Das nächste Jahr wird mein Jahr, das habe ich mir fest vorgenommen. Und ich werde es schaffen.

Heute ist der 20. Dezember 2017, ich habe mein Projekt nicht in zwölf, sondern in acht Monaten abgeschlossen. Für mich ist es jetzt ein guter Zeitpunkt, dieses Buch abzuschließen, denn alles, was jetzt kommt, alles, was nun folgt, ist wieder ein ganz neuer Abschnitt in meinem Leben.

Ich hoffe, dass es der ein oder anderen etwas Mut gemacht hat, auch wenn es nicht *der* Ratgeber ist, sondern einfach nur ein kleines Tagebuch von mir und meiner Berta. Denn so wie mir und dir geht es vielen tausend Frauen auch. Wir sind nicht allein, wir haben uns.

Mir hat es geholfen, meine Krankheit anzunehmen und mit ihr umzugehen. Ich habe gelernt, dass ich mich selbst akzeptieren muss, und zwar so wie ich bin. Es lohnt sich zu kämpfen, auch wenn es immer und immer wieder Rückschläge und Tiefpunkte geben wird. Lasst euch von eurer Berta nicht unterkriegen.

Denn es ist euer Leben, euer Weg und Berta ist nur ein Gast darin.

Danksagung

Das größte Dankeschön gilt meinem Männe Patrick, der immer an meiner Seite steht, und mich bei allem unterstützt. Ohne Dich würde ich das alles nicht schaffen!

Ein weiteres großes Dankeschön an meine Familie und Freunde, die immer ein Ohr für mich haben, für mich da sind und hinter mir stehen.

Vielen Dank auch an meine Lektorin, ohne die dieses Buch niemals fertig geworden wäre und die einfach so viel Geduld mit mir hatte.

Ich danke meiner Physio-Fee Svenja, die es zweimal die Woche schafft, mich aufzubauen und für die es sich lohnt, auch um sieben Uhr in die Praxis zu kommen und gut gelaunt zur Arbeit zu fahren.

Ebenso danke an Annika Thomßen vom Knipswerk Apen, die mich tatkräftig bei den Bildern unterstützt hat.

ISBN 978-3-7467-3272-5
9 783746 732725 00001
www.epubli.de